Quando o CÉU invade a TERRA

Dados Internacionais de Catalogação na Publicação (CIP)
(Câmara Brasileira do Livro, SP, Brasil)

Johnson, Bill
  Quando o céu invade a terra: guia prático para uma vida de milagres / Bill Johnson; tradução de Lena Aranha. — São Paulo: Editora Vida, 2010.

  Título original: *When Heaven Invades Earth*.
  ISBN 978-85-383-0146-2

  1. Cura pela fé 2. Milagres 3. Reavivamentos 4. Vida cristã - Autores evangélicos I. Título. II. Título: Guia prático para uma vida de milagres.

09-11454   CDD-231.73

Índice para catálogo sistemático:

1. Milagres : Cristianismo   231.73

BILL JOHNSON

Quando o CÉU invade a TERRA

*guia prático
para uma vida
de milagres*

Vida

EDITORA VIDA
Rua Conde de Sarzedas, 246 — Liberdade
CEP 01512-070 — São Paulo, SP
Tel.: 0 xx 11 2618 7000
atendimento@editoravida.com.br
www.editoravida.com.br
@editora_vida /editoravida

Editor responsável: Sônia Freire Lula Almeida
Tradução: Lena Aranha
Revisão de tradução: Polyana Lima
Revisão de provas: Andrea Filatro
Diagramação: Luciana Di Iorio e Claudia Lino
Capa: Arte Peniel

QUANDO O CÉU INVADE A TERRA
© 2003, de Bill Johnson
Título original
When Heaven Invades Earth
edição publicada por
Destiny Image © Publishers, Inc.
(Shippensburg, PA, EUA)

Todos os direitos desta edição em língua portuguesa
reservados e protegidos por Editora Vida pela
Lei 9.610, de 19/02/1998.

É proibida a reprodução desta obra por quaisquer meios
(físicos, eletrônicos ou digitais), salvo em breves citações,
com indicação da fonte.

∎

Exceto em caso de indicação em contrário,
todas as citações bíblicas foram extraídas de
Nova Versão Internacional (NVI)
© 1993, 2000, 2011 by International Bible Society, edição
publicada por Editora Vida. Todos os direitos reservados.

Todas as citações bíblicas e de terceiros foram adaptadas
segundo o Acordo Ortográfico da Língua Portuguesa,
assinado em 1990, em vigor desde janeiro de 2009.

∎

As opiniões expressas nesta obra refletem o ponto de vista
de seus autores e não são necessariamente equivalentes às
da Editora Vida ou de sua equipe editorial.

Os nomes das pessoas citadas na obra foram alterados nos
casos em que poderia surgir alguma situação embaraçosa.

Todos os grifos são do autor, exceto indicação em contrário.

1. edição: fev. 2010
1. reimp.: fev. 2011
2. reimp.: jan. 2012
3. reimp.: ago. 2013
4. reimp.: mar. 2015
5. reimp.: jan. 2016
6. reimp.: jul. 2016
7. reimp.: mar. 2017
8. reimp.: mar. 2018
9. reimp.: jan. 2019
10. reimp.: jan. 2020
11. reimp.: nov. 2020
12. reimp.: ago. 2021
13. reimp.: nov. 2022

Esta obra foi composta em *Adobe Garamond*
e impressa por Gráfica Corprint sobre papel
Pólen Natural 70 g/m² para Editora Vida.

Dedicatória

Dedico este livro a duas igrejas que pastoreio: Mountain Chapel de Weaverville e Igreja Bethel de Redding, ambas na Califórnia. As duas abraçaram uma vida de desconforto — vivendo em contínuo risco — e estavam dispostas a sofrer o inexplicável para obter o inesquecível. Devo-lhes mais do que poderia retribuir. Obrigado, amo muito vocês.

Agradecimentos

Mamãe e papai — obrigado por honestamente acreditar que eu poderia fazer qualquer coisa.

Mark Sanders, John Montgomery, Kris Vallotton, Diane Brown e dr. Andre van Mol — obrigado pela exortação e pelo encorajamento consistentes para que eu escrevesse; as ideias de vocês foram muito proveitosas.

Presbíteros da Mountain Chapel — obrigado por me darem espaço para crescer, encorajando-me a seguir minha visão, e por comprarem um Mac para mim.

Equipe e presbíteros da Igreja Bethel — vocês são meus heróis. Sua disposição de pagar o preço pelo reavivamento pavimentou o caminho para o fruto, muito além do que poderíamos imaginar em nossos melhores sonhos. Vocês são a equipe dos sonhos.

Dann Farrelly — obrigado pela avaliação honesta do material escrito e por seus esforços incansáveis para revisar meu trabalho.

Guy Chevreau — obrigado pelas sugestões sinceras e pelos esforços de revisão. Eles foram extremamente valiosos para mim!

Bobby e Carolyn Conner — obrigado pelos dias em que me emprestaram a casa de campo para que eu pudesse ficar ali escrevendo.

A Beni, minha esposa — você, para mim, é um pouco do céu na terra. Obrigado.

Nota do autor

Alguns nomes mencionados neste livro foram alterados, pois senti que em determinados casos o anonimato era essencial.

Sumário

Prefácio 13

Introdução 19

A vida cristã normal 21

A restauração da comissão 26

Arrependa-se para ver 36

Fé — ancorada no que não vê 44

Orando para que o céu venha a terra 63

O Reino e o Espírito 79

A unção e o espírito do anticristo 91

Ensinando para um encontro 101

As obras do Pai 114

Impotência: desnecessária e insana 125

O alto custo do pequeno poder 142

Nossa dívida para com o mundo: um encontro com Deus 160

Nossa identidade neste mundo 176

Guerreando para invadir! 187

Como um reavivamento pode passar despercebido 193

Infiltrando-nos no sistema 205

O reavivamento atual 221

Prefácio

Quando me interesso em ler um livro, sempre faço duas perguntas: A vida do autor é consistente com a mensagem que ele traz? Seu ministério sustenta suas declarações? Se essas duas perguntas forem respondidas de forma afirmativa e inequívoca, passo a ler o livro.

Já conhecia Bill Johnson e seu ministério antes de ler o manuscrito *Quando o céu invade a terra*. Portanto, com as questões mencionadas respondidas afirmativamente, li, com alegria, esse tratado.

Em 2001, meses depois da morte de minha esposa, ministrei na Igreja Bethel de Redding, Califórnia, pastoreada por Bill Johnson. Ouvi várias de suas gravações antes de ir para lá. Por estar em profundo estado de luto por causa da perda de minha esposa, com quem fui casado por mais de quarenta e sete anos, percebi que recebia ministração enquanto ministrava. Eu ensinava na School of Supernatural Ministry [Escola do Ministério Sobrenatural] e fui exposto a um grande grupo de pessoas que buscam de forma radical o Reino de Deus, do qual fui informado ser o assunto das sessões. Essas sessões, que faziam parte do treinamento, eram direcionadas para preparar o ministério do reino. Depois das reuniões, o instrutor falava aos alunos: "Vocês estudaram o Reino; agora saiam e façam o trabalho!". E eles faziam... nos *shopping centers*, nas ruas, nas livrarias e nos cafés!

Fiquei com a impressão de que o grupo representava o espírito da Igreja Bethel, que parecia dizer: "Vamos buscar o Reino, encontrá-lo, declarar o que encontramos e compartilhá-lo com outros!".

Quando retornei para visitar pela segunda vez a Igreja Bethel e Bill Johnson, descobri que minha noiva, Jerry, estava com câncer. Alguns dias depois dessa visita, foi marcada uma grande cirurgia para ela. Na igreja, duas equipes de cura e um membro e sua esposa se juntaram a nós em poderosa sessão de oração, e cada um dos grupos não tinha conhecimento das impressões dos outros. Essa experiência foi alegre e ajudou a estruturar a fé, e todos concordaram a respeito de um assunto: "Jerry vai viver e se juntará a você, e seu ministério será fortalecido". A cirurgia aconteceu dias depois. Hoje, Jerry é minha esposa e ministra comigo, curada do câncer. Para nós, a experiência na Igreja Bethel foi uma demonstração da validade da mensagem deste livro, cuja direção e perspectiva são essenciais: "O que acontece quando o céu invade a terra".

Este livro que você tem em mãos é literalmente coisa do outro mundo! É sobre algo que não podemos ver, no entanto é mais real que os olhos que leem estas palavras. É sobre o reino eterno — embora impossível de ver ou expressar plenamente, atualmente acessível e à espera de obediência de qualquer pessoa ou grupo que busque "em primeiro lugar o Reino de Deus e a sua justiça" (Mateus 6.33).

Amo *Quando o céu invade a terra* e fico empolgado que esteja prestes a irromper no cenário cristão. Amo este livro porque ele nos aponta em direção à realidade primária em um mundo quase totalmente ocupado com a realidade secundária. O leitor das Escrituras tem consciência de que elas definem de forma suprema a realidade primária como "o que não se vê é eterno", ao passo que a realidade secundária é temporal, não dura para sempre (v. 2Coríntios 4.18). As crenças, os ensinamentos e o ministério de Bill Johnson centram-se na realidade primária, ou seja, no reino, e descobre-se que essa realidade é suficiente para mudar a face do "que se vê".

Amo este livro porque ele declara sem constrangimento que o reino vivo e o poder fazem parte da vida cristã cotidiana. O que se descreve neste volume não é nada exótico ou especial, algo para ser visto apenas em raras ocasiões; ao contrário, diz respeito exatamente à batida do coração da vida e do ministério dos que creem no reino.

Amo este livro, que inclui o arrependimento necessário ou a "renovação da [...] mente" (Romanos 12.2) como prerrequisito para ver o reino e entrar nele. Esse assunto é tratado de forma breve, mas pungente no capítulo 1; e, no capítulo 3, ele é um tanto expandido.

Amo este livro porque é um chamado à revolução espiritual para mudar a face da terra e porque apresenta o relato do que uma Igreja está fazendo ao transformar sua vizinhança, cidade e região, "uma pessoa de cada vez".

Amo este livro porque a fé prática (existe outro tipo de fé?) está claramente presente, ancorada no que não se vê e partindo desse ponto para o visível. Assim que nos arrependemos, vemos o reino e, com essa visão, a fé aparece. Isso é apresentado de forma hábil no capítulo 4.

Amo este livro porque está enquadrado no cenário do miraculoso! As páginas de abertura são tomadas (de forma muito semelhante ao que aconteceu com Jesus em Caná) por um milagre em um casamento, e as de encerramento narram a cura de uma criança.

Amo este livro porque me desafia a fazer a oração do Reino como a porta de entrada para o poder, e isso representa ver o céu descer até a terra. Assim como o Reino de Deus lança a verdadeira e nova luz sobre todas as outras verdades, também a oração faz isso.

Amo este livro porque ele deixa claros os resultados práticos e também o fruto dos sinais e maravilhas. Não buscamos essas coisas, mas nos foi prometido que elas acompanhariam aqueles que creem.

Por fim, amo este livro porque ele me deixa com desejo intenso de conhecer melhor a Deus, ter comunhão mais íntima e ministrar com ele, e também com poder jamais imaginado antes. Isso é acompanhado da empolgação de aguardar o que o futuro tem reservado para mim, em particular, e para o Corpo de Cristo, em geral, nesse compartilhar a Cristo com o mundo.

Leio agora este volume com remorso real, mas dissipado, de que algo similar não tenha sido apresentado a mim há cinquenta e cinco anos quando comecei meu ministério. É um remorso que se dissipa porque sei que Deus pode compensar o tempo perdido ou limitado pela falta de conhecimento das verdades aqui apresentadas.

Recomendo, sem reservas, este livro e tenho grande expectativa sobre o que esta leitura pode ocasionar a você. Leia-o devagar, de forma cuidadosa, e comece a caminhar nas verdades que Deus ensina a você. O resultado, acredito, será o céu invadindo a terra em sua vida!

— Jack Taylor
Presidente do Dimensions Ministries
Melbourne, Flórida

O livro de Bill Johnson, *Quando o céu invade a terra*, contém uma mensagem extremamente necessária à igreja de hoje. Ele desafia muitas de nossas "vacas sagradas". Johnson, como Gideão, teve de começar com a destruição dos postes-ídolos no quintal da Igreja. Ele é um homem com a missão de acordar a Igreja de Cristo. Desde que conheci John Wimber, não me havia empolgado com a compreensão de ninguém sobre o sentido da mensagem do Reino de Deus. Ainda não conheci nenhum pastor que seja mais comprometido com o "evangelismo de poder" que Bill Johnson. As histórias sobre curas e milagres realizados por intermédio dos "membros comuns" de sua igreja local são verdadeiramente fascinantes. Este livro não trata de uma possibilidade teórica nem de teologia inviável, tampouco apresenta uma razão para a falta de poder na Igreja. Antes, traz estratégias práticas e comprovadas pelo uso para fazer o reino das trevas retroceder e o reino da luz avançar. Gostaria de ter encontrado o pastor Bill Johnson antes, pois sinto que estaria muito mais adiante do ponto em que me encontro nessa estrada que leva ao poder do Reino de Deus.

Quando o céu invade a terra é uma leitura indispensável para todo pastor e líder na Igreja de hoje. Foi escrito pela quinta geração de pastores da perspectiva pentecostal — e que melhor perspectiva quando se trata da obra do Espírito Santo, em especial em relação aos dons de cura? Tive o privilégio de encontrar muitos pastores dos Estados Unidos e do Canadá nesses últimos nove anos de viagens. Bill Johnson, creio eu, tem mais a dizer em relação aos conceitos de "evangelismo de poder" que qualquer outro pastor que já encontrei em minha vida. Embora seja da Assembleia de Deus, e não da Igreja Vineyard, ele tem o DNA de John Wimber, especialmente no que diz respeito a sua paixão pela cura e pela atividade do Espírito Santo. É um pastor radical, um grande mestre e uma voz apostólica na Igreja hoje. Sua mensagem não é o som de um eco, mas a voz daquele que clama no deserto: "Preparem o caminho para o Reino de Deus, pois ele está próximo".

Este livro está cheio de afirmações poderosas que eu mesmo gostaria de ter escrito. Há muitas citações maravilhosas que podemos destacar — citações como as seguintes: "Uma das tragédias de uma identidade enfraquecida é a forma pela qual ela afeta nossa abordagem das Escrituras. Muitos teólogos, se não todos eles, cometem o erro de pegar todo o bom conteúdo apresentado nos profetas e jogá-lo para debaixo de um tapete misterioso, chamado de *o milênio* [...] Estamos tão entrincheirados na descrença que qualquer coisa contrária a essa visão [a visão dispensacionalista de uma Igreja fraca no final dos tempos] é considerada proveniente do demônio".

Outras grandes citações deste livro são as seguintes: "A descrença está ancorada no que é visível ou razoável, à parte de Deus. Ela honra o reino natural como superior ao que não se vê [...] A descrença é a fé no inferior"; e: " 'A fé vem por se ouvir a mensagem' [...] Não se afirma que ela venha por ter ouvido dizer. É o coração atento, no tempo presente, que está preparado para o depósito de fé do céu [...]".

Quando o céu invade a terra é um chamado para acordar a Igreja de Cristo. Representa um golpe mortal contra o "cessacionismo" e um desafio ao "dispensacionalismo", além de ser um chamado para que aqueles da herança pentecostal retornem a suas raízes. Este livro está firmemente fundamentado nas Escrituras e revela o coração de um homem que ama não só o Espírito, mas também a Palavra de Deus. Bill Johnson, com revelação revigorante, leva-nos às Escrituras e permite que elas nos transmitam uma palavra estimulante. Força-nos a ver o que a Bíblia realmente diz, em vez de aquilo que nossas viseiras teológicas corretas permitem que vejamos.

Estou esperando que Bill acabe este livro para que eu possa oferecê-lo à mesa de minhas reuniões. Ele tem muito que dizer, e procuro não perder nenhuma de suas pregações quando ministramos juntos. Elas são preciosas demais para as deixarmos de lado. Nos dias de hoje, cheio de princípios e estratégias, é revigorante ouvir alguém nos chamar de volta à estratégia de Jesus para o evangelismo.

— Randy Clark
Global Awakening Ministries
Palestrante em conferências internacionais
Autor de *God Can Use Little Ol' Me*

Introdução

Alguns anos atrás, ouvi uma conversa que me perturbou sobremaneira. Aconteceu na festa do 90º aniversário de meu tio, David Morken. Junto com uma multidão formada por familiares, vários parceiros de ministério reuniram-se para a celebração. Meu tio, quando jovem, fora solista de Aimee Semple McPherson antes de se tornar um missionário na China e na Sumatra. Depois, tornou-se o braço direito de Billy Graham. Seus feitos são impressionantes, mas isso é assunto para outro momento.

À noite, quando a festa se aproximava de seu encerramento, vi alguns dos santos mais idosos conversando. Ao notar que falavam sobre o derramamento do Espírito durante o ministério de Aimee Semple McPherson, não pude deixar de ouvir. Com o entusiasmo de um jovem, um dizia ao outro: "Era como se o céu estivesse na terra". Ali estavam eles, cerca de setenta anos após esses acontecimentos, com os olhos brilhantes por causa da memória das coisas que outros mal podiam sonhar que tivessem acontecido. A experiência deles tornou-se um padrão por meio do qual todos os outros dias tinham de ser medidos. Aquelas palavras me tocaram profundamente.

Meu coração anseia pela proximidade da vinda de Deus. Vivo para o reavivamento que se está desvelando e creio que será superior a todos os movimentos que o precederam, trazendo mais de 1 bilhão de almas para o Reino. Todavia, para esse momento único, gostaria de poder retroceder no tempo.

Por pertencer à quinta geração de pastores, pela família de meu pai, e à quarta, pela de minha mãe, cresci ouvindo falar sobre os grandes movimentos de Deus. Meus avós ministraram sob a tutela de Smith Wigglesworth e outros notáveis reavivalistas. (Lembro-me de meu avô contando-me: "Nem todo mundo gostava de Wigglesworth". Obviamente, ele é muito amado hoje em dia. Israel também passou a amar seus profetas depois que eles morreram.)

Meu avô e minha avó Morken foram batizados no Espírito Santo em 1901 e 1903, respectivamente, e amavam falar sobre o que viram e experimentaram. Eles estão no céu há mais de vinte e cinco anos; e eu só desejaria ter outra oportunidade de ouvir suas histórias e lhes fazer algumas perguntas que não fiz quando jovem. Para mim, tudo faria muito mais sentido agora.

Minha busca descrita neste livro começou há muitos anos. Eu precisava ver o evangelho na vida da mesma forma que o via impresso. Para mim, essa era uma questão de ser fiel a Deus. Entretanto, logo descobri que pagaria um alto preço por essa busca. Muitos mal-entendidos surgem quando procuramos algo que outros ignoram.

Eu não poderia limitar meus valores e buscas ao que leva outros a se sentir confortáveis. Por estar possuído por uma promessa, vivo sem opção. Passarei o resto de minha vida explorando o que poderia acontecer por intermédio de alguém que esteja disposto a cultivar o apetite, dado por Deus, para ver as impossibilidades render-se ao nome de Jesus. Todos os meus ovos estão nessa única cesta. Não existe Plano B. E é com essa disposição de espírito que escrevo.

1
A vida cristã normal

É anormal que um cristão não tenha apetite pelo impossível. Está em nosso DNA o anseio para que as impossibilidades que nos rodeiam se curvem ao nome de Jesus.

Em um sábado frio e chuvoso, os ônibus da igreja foram enviados às partes mais necessitadas de nossa cidade, Redding, para ir ao encontro dos moradores de rua e dos pobres. O noivo e a noiva anteciparam com entusiasmo o retorno dessas pessoas e prepararam uma refeição para honrá-las. Os necessitados seriam os convidados de honra de seu casamento.

Ralph e Colleen se conheceram enquanto trabalhavam para nosso ministério voltado aos pobres. Eles compartilhavam a paixão por Deus e o amor pelos necessitados. Embora seja comum a noivos fazer uma lista de presentes em lojas finas, Ralph e Colleen escolheram uma loja de departamentos de roupas; e selecionaram itens como casacos, chapéus, luvas e sacos de dormir para ser doados aos *convidados*. Não seria um casamento como os outros.

Em nossa reunião de preparação para o casamento, o casal encorajou-me a ser sensível ao Espírito Santo caso ele quisesse curar pessoas durante a cerimônia. Se eu recebesse uma palavra do Espírito para curar, teria de orar pelos doentes. Como pastor, fiquei empolgado em ver o que poderia acontecer. Esse casal havia criado uma grande *oportunidade de milagre*, e o Senhor certamente faria algo extraordinário.

À parte de um período mais longo de adoração, seguida de uma mensagem evangelística e de uma oração para a salvação, a cerimônia terminou de forma bastante normal.

É muito diferente ver, em meio aos familiares e amigos dos noivos, pessoas que compareceram somente para ter uma refeição. Isso não era errado. Apenas diferente. Depois da cerimônia, os recém-casados foram diretamente para a sala de recepção e ficaram à mesa onde estavam os pratos para servir seus convidados. A refeição estava maravilhosa. Os famintos ficaram satisfeitos. Deus, certamente, estava satisfeito.

No entanto, antes de a cerimônia ter início, duas ou três pessoas me procuraram, e senti entusiasmo na voz delas: "Alguém aqui tem apenas mais dois anos e meio a três anos de vida!". Havíamos transposto um marco. Milagres de cura haviam-se tornado mais comuns... a ponto de uma doença que ameaçasse a vida de alguém ser considerada um milagre potencial mais que algo a ser temido. Para mim, só isso já era um sonho tornando-se realidade — as pessoas na América do Norte *esperando* algo sobrenatural de Deus!

O milagre continua

Seu nome era Luke. Como a maioria dos moradores de rua, ele e sua esposa, Jennifer, tinham de vir ao casamento porque seria servida uma refeição. Luke andava com dificuldade, precisando da ajuda de uma bengala. Usava aparelhos ortopédicos nos dois braços e um maior em volta do pescoço.

Depois da refeição, Bob, meu irmão, e eu os levamos até a cozinha da igreja e perguntamos sobre os aparelhos ortopédicos que Luke usava nos braços. Ele disse-nos que sofria de síndrome do túnel do tarso. Perguntei-lhe se ele se importaria de tirá-los para que orássemos por ele. Ele aceitou nossa oferta de oração. (Sempre que possível, gosto de remover tudo o que a pessoa acredita que não seja o Senhor.) Impusemos a mão sobre seus pulsos, ordenando que o *túnel* fosse aberto, e que todo o enfraquecimento e dor fossem embora. Ele, a seguir, moveu suas mãos livremente, experimentando a cura que acabara de receber.

Quando o questionamos sobre sua bengala e os problemas evidentes com suas pernas, ele descreveu o acidente horroroso que sofrera. Em consequência desse acidente, ele tinha uma tíbia e uma costela artificiais e chegara a perder metade de seu pulmão. Seu andar era laborioso e doloroso. Quando os cirurgiões conseguiram juntar as partes quebradas, sua perna ficou cerca de 2,5 centímetros mais curta. Pedi-lhe que se sentasse e encorajei-o, e também sua esposa, a observar o que Deus estava prestes a fazer. Segurei suas pernas de uma maneira que pudessem ver o problema que o afligia e fossem capazes de reconhecer qualquer mudança que acontecesse. Ordenamos que a perna crescesse. E isso aconteceu. Quando ficou de pé, ele transferiu seu peso de uma perna para a outra, como se estivesse experimentando um par de sapatos novos, e disse-nos: "Isso mesmo, parece que tudo está no lugar". A resposta de uma pessoa que não frequenta a Igreja é bastante trivial... e muito reanimadora. Pedi-lhe que caminhasse ao longo daquele cômodo, e ele o fez com muita alegria, sem mancar nem sentir dor. Deus estava trabalhando, acrescentando 2,5 centímetros à perna mais curta e removendo toda a dor que Luke sentia desde o acidente que tivera.

A seguir, perguntamos sobre seu pescoço. Ele disse-me que tivera câncer e que os médicos lhe haviam dado apenas uns dois anos de vida. Prosseguiu explicando que o aparelho ortopédico era necessário por causa da perda dos músculos do pescoço.

Servia para manter sua cabeça no lugar. Nesse momento, um grupo já se reunira para participar, e não por curiosidade. Depois que lhe pedi, Luke removeu o aparelho enquanto outro homem de nossa igreja, um médico, segurava sua cabeça para evitar o risco de um traumatismo. Assim que começamos a orar, ouvi o médico ordenar que músculos novos e sadios crescessem ali. Ele os nomeou usando o nome em latim de cada um deles. Fiquei impressionado. Quando acabamos, Luke virou sua cabeça de um lado para o outro. Todos os músculos estavam restaurados. A seguir, ele pôs as mãos em um dos lados do pescoço e exclamou: "Os caroços se foram!".

Seu médico deu-lhe um certificado de cura, e os milagres continuaram muito tempo depois de a cura física acontecer. Luke e Jennifer começaram a servir a Jesus como seu Senhor e Salvador. Depois de algumas semanas, Luke conseguiu um emprego, e era a primeira vez que trabalhava em dezessete anos. Jesus cura a pessoa por completo.

Um dia como os outros

Embora esse tipo de cerimônia de casamento não seja habitual, a busca de nossa igreja pelos pobres e pelos milagres é bastante comum. Essa história é verdadeira e está mais próxima da vida cristã normal do que a Igreja *usualmente* vivencia. A ausência de milagres não consiste no fato de Deus não desejá-los para nós. O problema reside no espaço entre nossas orelhas. Em razão disso, uma transformação — *a renovação da mente* — é necessária, e ela só ocorrerá por intermédio da obra do Espírito Santo, que, de forma característica, vem sobre as pessoas desesperadas.

Essa noiva e esse noivo mencionados anteriormente, embora nobres, são pessoas comuns que servem um Pai extravagante. Não havia ninguém especial envolvido nesse processo, exceto

Jesus. Todos os demais simplesmente abriram espaço para Deus, acreditando que ele é bom 100% do tempo. Os riscos assumidos pelos noivos eram tais que Deus não perderia uma oportunidade dessas. Em meio a uma cerimônia de casamento, ele invadiu uma família marcada pela doença demoníaca e estabeleceu um testemunho para a sua glória.

Histórias dessa natureza estão-se tornando a norma, e o grupo de pessoas que se reúnem para buscar um evangelho autêntico — *o evangelho do Reino* — está crescendo. Amar a Deus e a seu povo é uma honra. Não daremos mais desculpas para a falta de poder, pois ela é indesculpável. Nosso mandato é simples: levante uma geração que possa demonstrar abertamente e sem meandros o poder de Deus. Este livro é sobre essa jornada... a busca pelo Rei e seu Reino.

> Pois o Reino de Deus não consiste de palavras, mas de poder.[1]
> Busquem, pois, em primeiro lugar o Reino de Deus [...].[2]

---

[1] 1Coríntios 4.20.
[2] Mateus 6.33.

2
A restauração da comissão

*Jesus de Nazaré foi aprovado por Deus diante de vocês
por meio de milagres, maravilhas e sinais que Deus
fez entre vocês por intermédio dele [...].*[1]

Jesus não podia curar os doentes. Não podia libertar as pessoas atormentadas por demônios nem ressuscitar os mortos. Não acreditar nisso representa ignorar o que ele disse a respeito de si e, ainda mais importante, não perceber o propósito das restrições que ele se impôs para viver como homem.

Jesus disse: " 'O Filho não pode fazer nada de si mesmo' ".[2] Em grego, o termo traduzido por *nada* tem um sentido único — quer dizer NADA, exatamente como em português! Ele NÃO tinha nenhuma habilidade sobrenatural! Embora fosse 100% Deus, escolheu viver com as mesmas limitações que o homem enfrentaria assim que fosse redimido. Ele salientou esse ponto muitas vezes. Jesus tornou-se o modelo para todos os que quisessem abraçar o convite para invadir o impossível em seu nome. Ele fez *milagres, maravilhas e sinais* como um homem que tinha um relacionamento correto com Deus... não como Deus. Se ele

---
[1] Atos 2.22.
[2] João 5.19.

fez milagres porque era Deus, isso seria algo inatingível para nós. No entanto, se ele os fez como homem, tenho a responsabilidade de buscar esse estilo de vida para mim. Recuperar essa simples verdade muda tudo... e torna possível a plena restauração do ministério de Jesus em sua Igreja.

Quais eram as características de sua humanidade?

1. Ele não tinha nenhum pecado que o levasse a ficar separado do Pai.
2. Ele era totalmente dependente do poder do Espírito Santo, que trabalhava por intermédio dele.

Quais são as características de nossa humanidade?

1. Somos pecadores limpos pelo sangue de Jesus. Por meio de seu sacrifício, ele, de forma bem-sucedida, tratou do poder e do efeito do pecado para todos os que creem. Agora, nada pode nos separar do Pai. Resta apenas uma questão a ser resolvida.
2. Quanto estamos dispostos a viver na dependência do Espírito Santo?

A comissão original

A espinha dorsal da autoridade e do poder do reino encontra-se na *comissão*. Descobrir qual foi a comissão original e o propósito que Deus tinha para a humanidade pode ajudar a fortalecer nossa resolução de ter uma vida relevante para a transformação da história. Para encontrarmos essa verdade, é preciso voltar ao início.

O homem foi criado à imagem de Deus e posto na expressão suprema de beleza e paz do Pai: o jardim do Éden. Fora desse jardim, a história era bem diferente. Não havia ordem nem bênção, e era necessário um toque daquele a quem Deus delegou para fazer isso — Adão.

Adão e Eva foram postos no jardim com uma missão. Deus lhes disse: "Sejam férteis e multipliquem-se! Encham e subjuguem a terra!".[3] Revelava-se a intenção de Deus: que tivessem filhos que também vivessem sob o seu governo, para assim estender as fronteiras do jardim (o governo do Senhor) pela simplicidade da devoção a ele. Quanto maior o número de pessoas com relacionamento apropriado com Deus, maior o impacto de sua liderança. Esse processo deveria continuar até que toda a terra fosse coberta com o glorioso governo de Deus por meio do homem.

No entanto, no capítulo 1 de Gênesis, descobrimos que esse universo não era perfeito. Satanás se rebelara e fora expulso do céu; com ele, uma porção dos anjos caídos assumiu o domínio da terra. Fica óbvia a razão por que o restante do planeta precisava ser subjugado — ele estava sob a influência das trevas.[4] Deus, com uma palavra, poderia ter destruído o maligno e seu exército, mas, antes, escolheu derrotar as trevas delegando sua autoridade àqueles feitos à sua imagem que, por livre escolha, o amavam.

Uma história de romance

O soberano pôs-nos — os filhos de Adão — no comando do planeta Terra. "Os mais altos céus pertencem ao Senhor, mas a terra ele a confiou ao homem".[5] A mais alta honra era ser escolhido, porque o amor sempre escolhe o melhor. Esse é o início do romance de nossa criação... criados à imagem de Deus, *para a intimidade*, a fim de que o domínio pudesse ser expresso por intermédio do amor. É com essa revelação que temos de aprender a caminhar como seus embaixadores, derrotando assim o "príncipe deste mundo". O cenário estava preparado para que as trevas

---

[3] Gênesis 1.28.
[4] Gênesis 1.2
[5] Salmos 115.16.

caíssem enquanto o homem exercitava a influência divina sobre a Criação. Mas, em vez disso, o homem caiu.

Satanás não irrompeu no jardim do Éden de forma violenta e tomou posse de Adão e Eva. Ele não poderia fazer isso! Por quê? Porque ele não tinha domínio sobre o jardim. O domínio outorga poder. E como o homem havia recebido as chaves do domínio sobre o planeta, o demônio teria de tomar a autoridade dele. A sugestão para comer o fruto proibido dizia respeito apenas ao esforço de Satanás de levar Adão e Eva a concordar com ele e se opor a Deus — recebendo assim poder. Satanás, portanto, por meio desse acordo, tinha capacidade para *matar, roubar e destruir.* É importante perceber que, até mesmo hoje, é pelo assentimento do homem que o poder é outorgado a Satanás.

A autoridade dos homens para governar foi confiscada quando Adão comeu o fruto proibido. Paulo disse: "[...] quando vocês se oferecem a alguém para lhe obedecer como escravos, tornam-se escravos daquele a quem obedecem".[6] Nesse ato único, a humanidade tornou-se escrava do Maligno e passou a ser dele. Tudo o que Adão tinha, incluindo o título de propriedade do planeta e sua posição de governante, agora fazia parte do espólio do Maligno. O plano predeterminado de Deus para a redenção foi, de imediato, posto em ação: "Porei inimizade entre você e a mulher, entre a sua descendência e o descendente dela; este lhe ferirá a cabeça, e você lhe ferirá o calcanhar".[7] Jesus viria para exigir tudo o que fora perdido.

Não havia atalhos para sua vitória

O plano de Deus para o governo do homem nunca deixou de existir. Cristo veio para receber a punição por nossos pecados e

---

[6] Romanos 6.16.
[7] Gênesis 3.15.

recuperar o que fora perdido. Lucas 19.10 afirma que Jesus veio "buscar e salvar o que estava perdido". A humanidade não só se perdera no pecado, como também perdera seu domínio sobre a terra. Jesus veio resgatar ambas. Satanás tentou arruinar o plano ao fim dos quarenta dias de jejum feito por Jesus. Ele sabia que não era digno da adoração de Jesus e que Jesus viera para resgatar a autoridade da qual o homem abrira mão. Então lhe disse: "Eu te darei toda a autoridade sobre eles e todo o seu esplendor, porque me foram dados e posso dá-los a quem eu quiser. Então, se me adorares, tudo será teu".[8] Observe as palavras dele: "porque me foram dados". Satanás não poderia roubá-los, pois lhe foram cedidos quando Adão abandonou o governo de Deus. Era como se Satanás estivesse dizendo: "Sei para o que você veio. Você sabe o que quer. Adore-me e eu lhe devolverei suas chaves". Na verdade, ele ofereceu a Jesus um atalho para recapturar as chaves da autoridade que o homem perdera quando pecou. Jesus rejeitou esse atalho e recusou-se a lhe dar qualquer honra. (Foi esse mesmo desejo de ser adorado que, para início de conversa, levou Satanás a cair do céu.[9]) Jesus não abriu mão de seu propósito, pois viera para morrer.

O Pai queria que Satanás fosse derrotado pelo homem... o ser feito à sua imagem. Jesus, aquele que poderia derramar seu sangue para redimir a humanidade, esvaziou-se de seus direitos como Deus e assumiu as limitações humanas. Satanás foi derrotado por um homem — o Filho do homem que tinha um relacionamento correto com Deus. Agora, à medida que as pessoas recebem a obra de Cristo na cruz para a salvação, tornam-se primorosas nessa vitória. Jesus derrotou o demônio com uma vida sem pecados, derrotou-o em sua morte ao pagar por nossos pecados com

---

[8] Lucas 4.6,7.
[9] Isaías 14.12.

seu sangue e, mais uma vez, na ressurreição, ao ascender triunfante com as chaves da morte e do inferno em suas mãos.

Nascemos para governar

Jesus, ao redimir o homem, recuperou o que este havia perdido. Do trono de triunfo, declarou: "Foi-me dada toda a autoridade nos céus e na terra. Portanto, vão [...]".[10] Em outras palavras: *Consegui tudo de volta. Agora usem isso e exijam a humanidade para mim*. Nessa passagem, Jesus cumpre a promessa que fizera a seus discípulos quando disse: "Eu lhe darei as chaves do Reino dos céus; o que você ligar na terra terá sido ligado nos céus, e o que você desligar na terra terá sido desligado nos céus".[11] O plano original não fora abortado, mas realizado de uma vez por todas na ressurreição e ascensão de Jesus. Assim, seríamos completamente restaurados ao plano de governo de Deus como pessoas feitas à sua imagem. E, como tal, aprenderíamos a impingir a vitória obtida no Calvário: "Em breve o Deus da paz esmagará Satanás debaixo dos pés de vocês".[12]

Nascemos para governar — sobre a criação, sobre as trevas —, para saquear o inferno e estabelecer o governo de Jesus onde quer que preguemos o evangelho do Reino. *Reino* quer dizer: *domínio do Rei*. Segundo o propósito original de Deus, o homem deveria governar sobre a criação. Agora que o pecado entrou no mundo, a criação foi contaminada pelas trevas, a saber: doenças, espíritos aflitos, pobreza, desastres naturais, influência demoníaca etc. Embora nosso governo ainda seja sobre a criação, o foco agora é a exposição e a destruição das obras de Satanás. Temos de dar o que

---

[10] Mateus 28.18,19.
[11] Mateus 16.19.
[12] Romanos 16.20.

recebemos para alcançar esse fim.[13] Se eu verdadeiramente receber poder ao ter um encontro com o Deus de poder, estou preparado para compartilhar isso. A invasão de Deus em situações impossíveis acontece por intermédio de pessoas que receberam poder do alto e aprenderam a liberá-lo nas circunstâncias da vida.

A chave de Davi

O evangelho da salvação deve tocar o homem por completo: espírito, alma e corpo. John G. Lake chamou a isso de *Salvação Trina*. Um estudo sobre a palavra *mal* confirma a intenção do alcance da redenção de Deus. Ela se encontra em Mateus 6.13, " livra-nos do mal", e representa todo o curso do pecado no homem. *Poneros*, a palavra grega para mal, origina-se de *ponos*, cujo significado é dor. E esta, por sua vez, se origina de *penes*, cujo sentido é pobre. Examine-a atentamente: *mal*-pecado, *dor*-doença e *pobre*-pobreza. Jesus destruiu o poder do pecado, da doença e da pobreza por intermédio de sua obra redentora na cruz. Na comissão de Adão e Eva para subjugar a terra, não havia doença, pobreza e pecado. Agora que fomos restaurados a seu propósito original, deveríamos esperar menos que isso? Afinal, esta aliança é chamada de a melhor aliança!

Foram-nos entregues as chaves do reino[14] — que, em parte, é a autoridade para *pisotear os poderes do inferno*.[15] Há uma aplicação única desse princípio na expressão "a chave de Davi",[16] mencionada tanto em Apocalipse quanto em Isaías. O *Manual bíblico Unger* afirma: "O poder das chaves consiste não só na supervisão das câmaras reais, mas também na decisão sobre quem

---

[13] Veja Mateus 10.8.
[14] Veja Mateus 16.19.
[15] Veja Lucas 10.19.
[16] Veja Apocalipse 3.7; Isaías 22.22.

deve e quem não deve ser recebido no serviço do Rei".[17] Tudo o que o Pai tem é nosso por intermédio de Cristo. Toda a tesouraria com seus recursos e as câmaras reais estão a nossa disposição para cumprirmos o comissionamento do Senhor. No entanto, o que nos preocupa nessa ilustração diz respeito ao *controle de quem entra para ver o Rei*. Não é exatamente o que fazemos com o evangelho? Quando o declaramos, damos a oportunidade às pessoas para vir ao Reino e ser salvas. Quando nos calamos, escolhemos mantê-las distantes da vida eterna. Realmente, isso é muito preocupante! A chave custou a Jesus um alto preço, como também é para nós custoso usá-la. No entanto, é ainda mais custoso *enterrá-la e não obter um aumento para o Rei que vem*. Esse preço será sentido por toda a eternidade.

A revolução em identidade

É hora para uma revolução em nossa visão. Quando os profetas dizem "Sua visão é muito curta", muitos de nós achamos que o antídoto é aumentar os números esperados, quaisquer que sejam eles. Por exemplo, se esperamos dez convertidos, então aumentemos esse número para cem. Se oramos por cidades, passemos a orar por nações. Aumentar os números, no entanto, não é, necessariamente, um sinal para uma visão maior da perspectiva de Deus. A visão inicia-se com identidade e propósito. Por intermédio de uma revolução em nossa identidade, podemos pensar em conformidade com o propósito divino. Tal mudança começa com a revelação dele.

Uma das tragédias de uma identidade enfraquecida é a forma pela qual ela afeta nossa abordagem das Escrituras. Muitos

---

[17] **Unger's Bible Dictionary**, "key". Chicago, Il: Moody Press, 1957, p. 629. [**Manual bíblico Unger**. São Paulo: Edições Vida Nova, 2006].

teólogos, se não todos eles, cometem o erro de pegar todo o bom conteúdo apresentado nos profetas e jogá-lo para debaixo de um tapete misterioso, chamado de *o milênio*. Não desejo debater o assunto agora. Quero lidar com nossa propensão de adiar tudo o que requeira coragem, fé e ação, deixando para outro período de tempo. A ideia equivocada é a seguinte: se é bom, não pode ser para o momento atual.

Uma pedra angular dessa teologia é que a condição da Igreja ficará cada vez pior; portanto, a tragédia é apenas outro sinal de que estes são os últimos dias. Em um sentido corrompido, a fraqueza da Igreja, para muitos, confirma que eles estão no caminho certo. A condição cada vez mais deteriorada do mundo e da Igreja torna-se um sinal de que tudo está bem. Há muitos problemas com essa forma de pensar, mas mencionarei apenas um agora — *ela não exige fé!*

Estamos tão entrincheirados na descrença que qualquer coisa contrária a essa visão é considerada proveniente do demônio. O mesmo acontece com a ideia da Igreja causando um impacto dominante antes do retorno de Jesus. É quase como se quiséssemos defender o direito de ser pequenos em número e fazer isso *sem margem para manobras*. Abraçar um sistema de crença que não exija fé é perigoso. É contrário à natureza de Deus e de tudo o que as Escrituras declaram. Uma vez que o Senhor planeja fazer *mais do que tudo o que pedimos ou pensamos*, de acordo com Efésios 3.20, suas promessas, por natureza, desafiam nosso intelecto e expectativas. "[...] ela [Jerusalém] não esperava que chegaria o seu fim. Sua queda foi surpreendente".[18] O resultado do esquecimento de suas promessas não é algo com o que podemos arcar.

---

[18] Lamentações 1.9.

Nós, com frequência, estamos mais convencidos de nosso *valor* que do *valor* do Senhor. Nossa *inabilidade* fica em foco muito maior que a *habilidade* dele. No entanto, o mesmo Deus que chamou o *temível Gideão* de "poderoso guerreiro" e o *instável Pedro* de "pedra" também chamou-nos de Corpo de seu amado Filho aqui na terra. Isso tem de valer para alguma coisa.

No capítulo seguinte, veremos como usar um dom para manifestar seu Reino — fazendo o céu tocar a terra.

3
Arrependa-se para ver

Os cristãos, em sua grande maioria, arrependem-se o suficiente para ser perdoados, mas não o suficiente para ver o Reino.

Israel esperava que seu Messias viesse como o rei que governaria sobre todos os outros. E ele veio exatamente dessa forma. No entanto, a compreensão falha da grandeza de seu reino não lhes permitiu entender como Cristo poderia nascer sem fanfarra terrena e tornar-se servo de todos.

Eles esperavam que Jesus governasse com mão de ferro. Assim, conseguiriam vingar-se de todos os que os oprimiram ao longo das eras. Mal sabiam que a vingança dele não seria direcionada aos inimigos de Israel da forma que seria em relação aos inimigos do homem: o pecado, o demônio e suas obras e as atitudes farisaicas fomentadas pela religião.

Jesus, o Messias, veio... cheio de surpresas. Apenas o contrito de coração poderia aguentar sua forma inortodoxa de agir sem ficar ofendido. O propósito do Senhor foi revelado em sua mensagem primordial: "Arrependam-se, pois o Reino dos céus está próximo".[1] Bem, há algo que os pegou totalmente desprevenidos — ele trouxe o mundo dele com ele!

---
[1] Mateus 4.17.

Mais que apenas lágrimas

O arrependimento representa muito mais que lamentar o pecado ou dar as costas a ele para seguir a Deus. Na verdade, dar-lhe as costas para seguir na direção de Deus é mais o *resultado* do verdadeiro arrependimento que o ato em si. Arrependimento quer dizer que você *muda sua forma de pensar*. E é só pela mudança de nossa forma de pensar que podemos descobrir o foco do ministério de Jesus — o Reino.

Esse mandato celestial não diz respeito a apenas ter pensamentos felizes, e ele só pode ser obedecido por aqueles que se rendem à graça de Deus. A mente renovada é o resultado de um coração que se rendeu ao Senhor.

Uma mudança radical de atitude

O arrependimento, muitas vezes, é definido como *uma mudança radical de atitude*. Isso implica seguir em um caminho e mudar radicalmente de direção. As Escrituras ilustram esse comportamento da seguinte maneira: "arrependimento de atos que conduzem à morte, fé em Deus".[2] A fé, portanto, é tanto a coroa quanto a capacitadora do arrependimento.

Essa ordem tem sido pregada de maneira firme nos últimos anos. Há muita necessidade dessa mudança. No momento, o pecado escondido é o *calcanhar de aquiles* da Igreja. Ele nos impede de alcançar a pureza que gera ousadia e grande fé. Contudo, por mais nobre que esse objetivo seja, a mensagem tem ficado muito aquém do que se espera. Deus quer fazer mais que só nos *tirar do vermelho*; ele quer que tenhamos *saldo positivo!* O arrependimento não está completo até que anteveja o Reino de Deus.

---

[2] Hebreus 6.1.

Colaboradores de Cristo

O foco do arrependimento é a mudança de nossa forma de pensar até que a presença do Reino de Deus encha nossa consciência. A tentativa do inimigo de ancorar nossas afeições nas coisas visíveis é facilmente derrotada quando nosso coração está consciente da presença do mundo do Senhor. Essa consciência ajuda-nos na tarefa de sermos *colaboradores*[3] de Cristo — *destruindo as obras do demônio*.[4]

Se o Reino é *aqui e agora*, então temos de reconhecer que ele está no Reino que não se vê. Todavia, está a *nosso alcance*. Paulo disse que o Reino que não se vê é eterno, ao passo que o que vemos é apenas temporal.[5] A Nicodemos Jesus disse que era preciso nascer de novo para *ver* o Reino.[6] Somente pelo *arrependimento* pode-se perceber o que não é visto. Foi como se ele dissesse: "Se você não mudar a forma pela qual percebe as coisas, passará o resto da vida achando que o que vê é a realidade superior. Sem mudança na forma de pensar, você jamais verá o mundo que está bem diante de você. Esse é o meu mundo, capaz de realizar todos os sonhos que você já teve. E eu o trouxe comigo". Tudo o que Jesus fez em sua vida e ministério, ele o fez retirando dessa realidade *superior*.

Vivendo a partir do que não se vê

> A glória de Deus é ocultar certas coisas; tentar descobri-las é a glória dos reis.[7]

---

[3] Veja 1Coríntios 3.9.
[4] Veja 1João 3.8.
[5] Veja 2Coríntios 4.18.
[6] Veja João 3.3.
[7] Provérbios 25.2.

Algumas coisas só são descobertas pelos que se sentem *desesperados*. Essa atitude do Reino altamente valorizada[8] é o que marca o coração do verdadeiro *soberano dos reis*.[9] O Deus que pôs ouro nas rochas trouxe seu Reino consigo, mas o deixou oculto de nossa vista.

Paulo tratou desse assunto em sua carta aos Colossenses. Ali, ele nos informa que Deus escondeu nossa vida *em Cristo*.[10] Onde ele está? Assentado *à direita do Pai, nas regiões celestiais*.[11] Nossa vida abundante está escondida nos domínios do Reino. E somente a fé pode retirá-la desse manancial.

O domínio do Reino

Examine a palavra *Reino* — ela refere-se ao domínio do rei, implicando autoridade e senhorio. Jesus veio oferecer os benefícios de seu mundo a todos os que se rendem a seu governo. Os benefícios de seu governo foram ilustrados por intermédio de suas obras de perdão, libertação e cura.

A vida cristã está subordinada a esse objetivo, verbalizado na oração modelo, o Pai Nosso: "Venha o teu Reino; seja feita a tua vontade, assim na terra como no céu".[12] Seu domínio é percebido quando o que acontece aqui é *como no céu*. (Trataremos de forma mais detalhada desse assunto no capítulo 4.)

O maior sermão de todos

Em Mateus, capítulo 4, Jesus proclamou primeiro a mensagem de arrependimento. As pessoas vinham de todos os cantos,

---

[8] Veja Mateus 5.6
[9] Veja Apocalipse 1.5.
[10] Veja Colossenses 3.3.
[11] Efésios 1.20.
[12] Mateus 6.10.

trazendo os doentes, os atormentados e os deficientes. E Jesus curou todos eles.

Depois dos milagres, ele fez o mais famoso sermão de todos os tempos: o Sermão do Monte. É importante lembrar que esse grupo de pessoas acabara de ver Jesus curar todos os tipos de doença e operar libertações divinas. Seria possível que Jesus, em vez de dar a ordem sobre a nova forma de pensar, estivesse realmente identificando a transformação de coração que eles tinham acabado de experimentar?

"Bem-aventurados os pobres em espírito, pois deles é o Reino dos céus."[13] Como você descreveria as pessoas que deixaram as cidades por vários dias e viajaram grandes distâncias a pé, abandonando tudo só para seguir Jesus a um lugar deserto? Ali ele faria o que elas achavam ser impossível. O anseio de seu coração extraiu uma realidade do coração de Deus, algo que elas nem sabiam que existia. A condição dessas pessoas pode ser encontrada nas bem-aventuranças? Acho que sim. Chamo-as "pobres em espírito". E Jesus, por meio da cura e da libertação, deu-lhes a manifestação prometida do Reino. Aos milagres seguiu-se o Sermão do Monte, pois era comum que ele ensinasse para explicar o que acabara de fazer.

Nesse caso, a presença real do Espírito sobre Jesus estimulou as pessoas a sentir fome por Deus. Essa fome trouxe-lhes uma mudança de atitude e, antes que fosse reconhecida como tal, deu-lhes uma nova perspectiva, com a qual não estavam acostumadas. Sem nenhum esforço para a transformação, elas mudaram. Como? O Reino veio na presença do Espírito de Deus. E elas perceberam, pois ansiavam por essa presença. Para essas pessoas, não importava se Jesus estava fazendo milagres ou um novo sermão, elas tinham

---

[13] Mateus 5.3.

de estar onde ele estava. A fome nos humilha. A fome por Deus acarreta a humilhação suprema. E ele *os exaltou no tempo devido*[14] com um gosto pelo domínio do Senhor.

O Sermão do Monte é um tratado sobre o Reino. Nele, Jesus revela as atitudes que ajudam seus seguidores a acessar o mundo que não podemos ver. Por sermos cidadãos do céu, essas atitudes são formadas em nós para que possamos apreender tudo o que seu Reino tem disponível. As bem-aventuranças são realmente "lentes" através da qual se pode ver o Reino. O arrependimento envolve assumir a mente de Cristo, conforme revelada nos versículos desse sermão. Jesus as poderia ter apresentado da seguinte maneira: *É a isso que se assemelha a mente arrependida.*

Por favor, observe a felicidade dos cidadãos do mundo do Senhor, os que ainda não estão no céu! *Bem-aventurado* significa *feliz*! A seguir apresento uma paráfrase de *Mateus 5.3-12*.

3. Você é feliz se for pobre em espírito, pois seu é o Reino dos céus.
4. Você é feliz se chorar, pois será consolado.
5. Você é feliz se for humilde, pois herdará a terra.
6. Você é feliz se tiver fome e sede de justiça, pois será satisfeito.
7. Você é feliz se for misericordioso, pois obterá misericórdia.
8. Você é feliz se for puro de coração, pois verá a Deus.
9. Você é feliz se for pacificador, pois será chamado filho de Deus.
10. Você é feliz se for perseguido por causa da justiça, pois seu é o Reino dos céus.
11. Você é feliz se, por minha causa, for insultado e perseguido e levantarem todo tipo de calúnia contra você.

---

[14] Veja 1Pedro 5.6.

12. Alegre-se e regozije-se, porque grande é a sua recompensa nos céus, pois da mesma forma perseguiram os profetas que viveram antes de você.

Examine o resultado prometido para cada nova atitude — *receber o reino, ser confortado, obter misericórdia, ver a Deus etc.* Por que é importante reconhecer isso? Porque muitos abordam os ensinamentos de Jesus como *uma nova forma de lei*. Para a maioria das pessoas, ele apresentou apenas um novo conjunto de regras. *Graça* é distinta de *Lei*, uma vez que o benefício vem *antes* da obediência. Os mandamentos do Senhor, sob a graça, vêm totalmente equipados com a habilidade para ser postos em prática... por aqueles que ouvem com o coração.[15] *A graça capacita-nos para aquilo que ela ordena.*

Domínio realizado

O mundo que não se vê tem influência sobre o visível. Se as pessoas de Deus não buscam alcançar o Reino que está à mão, o reino das trevas exibirá suas habilidades para influenciar. As boas-novas são que "o Senhor [...] como rei domina sobre tudo o que existe".[16]

Jesus ilustrou essa realidade em Mateus 12.28, dizendo: "Se é pelo Espírito de Deus que eu expulso demônios, então chegou a vocês o Reino de Deus". Há duas coisas que temos de observar, e trataremos delas detalhadamente em outros trechos deste livro. Primeiro, Jesus trabalhava apenas por intermédio do Espírito de Deus; segundo, o Reino de Deus vinha sobre todo aquele que era libertado. Jesus fez dois mundos entrar em colisão: o mundo das trevas e o mundo da luz. As trevas *sempre* dão lugar à luz!

---

[15] Veja Tiago 1.21-25.
[16] Salmos 103.19.

E, assim, quando o domínio de Deus foi liberado por meio de Jesus para o homem, este foi libertado.

Movendo-se por pura convicção

Essa mesma colisão entre luz e trevas acontece quando o doente é curado. Walter tivera dois derrames no ano anterior, e isso deixou todo o lado direito de seu corpo sem sensibilidade. Ele me mostrou uma queimadura horrorosa em seu braço, acidente que aconteceu porque não sentiu que estava sendo queimado. A convicção, uma das palavras para detectar a fé,[17] começou a arder em meu coração. Enquanto ele ainda falava, comecei a orar por ele com minha mão sobre seu ombro. Tinha de fazer isso rapidamente. Tomara consciência do Reino no qual não há embotamento dos sentidos. Não queria saber quão severo seu problema era. Minha oração foi mais ou menos assim: *Pai, essa ideia foi do Senhor. O Senhor nos ordenou que orássemos para que as coisas aqui fossem como no céu, e sei que não existe embotamento dos sentidos ali, assim aqui também não deveria haver. Portanto, ordeno em nome de Jesus que as extremidades dos nervos deste homem voltem à vida. Ordeno a restauração plena dos sentidos neste corpo.*

Logo que comecei a orar, Walter disse que sentiu minha mão sobre seu ombro e conseguia, até mesmo, sentir o tecido de minha camisa com a mão direita. O mundo começou a entrar em colisão com o mundo do embotamento dos sentidos. E todo esse embotamento se foi.

A fé é a chave para descobrir a natureza superior do Reino que não se vê. É o "dom de Deus" existente ali que necessita ser desvelado. No capítulo seguinte, aprenderemos como a fé trata o que não se vê e abre espaço para a invasão do céu.

---

[17] Veja Hebreus 11.1.

4
Fé — ancorada no que não vê

> *Ora, a fé é a certeza daquilo que esperamos e a prova das coisas que não vemos.*[1]

> *A fé é o espelho do coração que reflete as realidades do mundo que não se vê — a substância real do Reino de Deus. Por intermédio da oração de fé, somos capazes de extrair a realidade do mundo do Senhor para este mundo aqui. Essa é a função da fé.*

A fé está ancorada no reino que não se vê. Ela vive *do* que não se vê *para* o visível. A fé atualiza o que ela realiza. As Escrituras contrastam a vida da fé com as limitações da visão natural.[2] A fé fornece olhos para o coração.

Jesus espera que as pessoas vejam com o coração. Certa vez, ele chamou um grupo de líderes religiosos de *hipócritas* porque eles conseguiam interpretar o aspecto da terra e do céu, mas não os tempos. É óbvio que Jesus preferiria que as pessoas reconhecessem os *tempos* (aspectos do clima e das estações espirituais) e não as condições climáticas naturais, mas não fica muito claro por que ele os consideraria hipócritas se não fizessem isso.

---
[1] Hebreus 11.1.
[2] Veja 2Coríntios 5.7.

Muitos de nós achamos que a habilidade para ver o reino espiritual diz mais respeito ao resultado de um dom especial que a um potencial não utilizado. É preciso lembrar que Jesus fazia essa acusação aos fariseus e saduceus. O fato de exigir que eles, entre todos os demais, vissem é evidência de que a habilidade foi dada a todos. Eles se tornaram cegos ao domínio do Senhor por causa do coração corrompido e foram julgados pelo potencial não utilizado.

Nascemos de novo pela graça por intermédio da fé.[3] A experiência de nascer de novo capacita-nos a ver com o coração.[4] O coração que não vê está endurecido.[5] Nunca se pretendeu que a fé servisse *apenas* para que fizéssemos parte da família. Ao contrário, ela é a natureza da vida dessa família. A fé vê. Ela traz o Reino de Deus para o foco. Todos os recursos do Pai, todos seus benefícios, estão acessíveis a nós por meio da fé.

Jesus, para encorajar-nos em nossa capacidade de ver, deu-nos instruções específicas: "Busquem, pois, em primeiro lugar o Reino de Deus [...]".[6] Paulo ensinou-nos: "Mantenham o pensamento nas coisas do alto, e não nas coisas terrenas".[7] Ele também afirmou: "[...] pois o que se vê é transitório, mas o que não se vê é eterno".[8] A Bíblia instrui-nos a voltar a atenção para o que não se vê. Esse tema é repetido muitas vezes nas Escrituras a ponto de deixar nervosos aqueles de nós aprisionados à lógica da cultura ocidental.

Nisso repousa o segredo do reino espiritual que queremos restaurar. Jesus disse-nos que só fazia o que *via* seu Pai fazer.

---

[3] Veja Efésios 2.8.
[4] Veja João 3.3.
[5] Veja Marcos 8.17,18.
[6] Mateus 6.33.
[7] Colossenses 3.2.
[8] 2Coríntios 4.18.

Essa percepção é vital para aqueles que querem mais. O poder das ações do Senhor — como o barro nos olhos do cego — está enraizado na habilidade que ele tinha de ver.

Adoração e a escola de fé

Deus está comprometido a nos ensinar a ver. Para tornar isso possível, deu-nos o Espírito Santo como mestre. Os programas que ele usa são os mais variados. No entanto, a classe para a qual todos nós nos qualificamos é o maior de todos os privilégios cristãos — adoração. Aprender *a ver* não é o propósito da adoração, mas um maravilhoso subproduto.

Aqueles que adoram em espírito e verdade, conforme mencionado em João 4.23,24, aprendem a seguir a liderança do Espírito Santo. O reino dele é o Reino de Deus. O trono de Deus, estabelecido sobre *o louvor de seu povo*,[9] é o centro desse reino. É no ambiente de adoração que aprendemos coisas que vão além do que nosso intelecto pode captar[10] — e a maior dessas lições é o valor da presença do Senhor. Davi foi tão afetado por ela que todos seus feitos se eclipsam em comparação a seu coração totalmente entregue a Deus. Sabemos que ele aprendeu a ver o Reino de Deus por causa de afirmações como estas: "Sempre tenho o SENHOR diante de mim. Com ele à minha direita, não serei abalado".[11] A presença de Deus afetou sua visão. Ele, constantemente, praticava o reconhecer a presença de Deus. Ele via Deus todos os dias, não com os olhos naturais, mas com os olhos da fé. Essa revelação inestimável foi dada a um adorador.

---

[9] Veja Salmos 22.3.
[10] Veja Efésios 3.20.
[11] Salmos 16.8.

O privilégio da adoração é um bom início para aqueles que não estão acostumados a tratar de algum desses temas encontrados nas Escrituras. É nesse maravilhoso ministério que podemos aprender a prestar atenção a esse dom dado por Deus: a habilidade de ver com o coração. À medida que aprendemos a adorar com pureza de coração, nossos olhos se abrem. E podemos ver o que ele quer que vejamos.

Vendo o que não se vê

O Reino que não se vê é superior ao natural. A realidade do mundo que não se vê domina o mundo em que vivemos... tanto de forma positiva quanto negativa. Como o que não se vê é superior ao natural, logo não é neste mundo que a fé está ancorada.

A fé vive na vontade revelada de Deus. Quando temos concepções equivocadas de quem ele é e de como ele é, restringimos nossa fé. Por exemplo, se acredito que Deus permite a doença a fim de estruturar meu caráter, não tenho confiança para orar na maioria das situações em que a cura é necessária. No entanto, se acredito que a doença está para o corpo como o pecado está para alma, então nenhuma doença me intimidará. A fé tem muito mais liberdade para se desenvolver quando verdadeiramente percebemos o coração de Deus como algo bom.

As mesmas concepções equivocadas a respeito de Deus afetam aqueles que precisam ter fé para que um milagre aconteça. Certa vez, uma mulher que precisava de um milagre me contou acreditar que Deus permitira sua doença para algum propósito. Eu lhe disse que, se tratasse meus filhos daquela forma, seria preso por abuso infantil. Ela concordou e, por fim, permitiu que eu orasse por ela. Minutos depois que a verdade entrou em seu coração, a cura veio.

A descrença está ancorada no que é visível ou razoável, à parte de Deus. Ela honra o reino natural como superior ao que não se vê. O apóstolo Paulo afirma que o que se vê é temporal, e o que não se vê é eterno.[12] A descrença é a fé no inferior.

O reino natural está ancorado na descrença. No entanto, esse reino não é considerado o mal. Ao contrário, o coração humilde reconhece a mão de Deus por intermédio do que é visto. Deus criou todas as coisas para que falassem dele — rios, árvores ou anjos do céu. O reino natural carrega o testemunho de sua grandeza... para aqueles que têm olhos para ver e ouvidos para ouvir.[13]

Realista/materialista

A maioria das pessoas que conheço tomadas pela descrença chama-se *realistas*. Essa é uma avaliação honesta, mas não é algo que seja motivo de orgulho. Os realistas acreditam no que é visível mais que naquilo que não podem ver. Em outras palavras, acreditam que o mundo material governa o mundo espiritual.

Quanto ao materialismo, acredita-se que ele é o acúmulo de bens. Mas é muito mais, embora também inclua isso. Posso não ter desejo de nada e ser materialista, porque o materialismo é a fé no natural como a realidade superior.

Somos uma sociedade sensitiva cuja cultura é moldada por aquilo que os sentidos captam. Somos treinados a crer somente no que vemos. A fé real não é viver na negação do reino natural. Se o médico diz que você tem um tumor, seria tolice fingir que ele não existe. Isso não é fé. Entretanto, a fé fundamenta-se na realidade que é superior ao tumor. Posso reconhecer a existência de uma doença e ainda assim crer na provisão do Senhor para a cura,

---

[12] Veja 2Coríntios 4.18.
[13] Veja Romanos 1.20,21.

que, de forma provisória, me foi dada há dois mil anos. A cura é o produto do Reino dos céus — uma realidade superior. Não existem tumores no céu, e a fé traz essa realidade para esta aqui.

Satanás gostaria de afligir o céu com câncer? É claro que gostaria. Contudo, ele não tem domínio ali. Ele só tem domínio aqui quando e onde o homem entra em acordo com ele.

Vivendo em negação

O medo de parecer viver em negação é o que impede muitos de viver pela fé. Por que motivo o que outras pessoas pensam é tão importante a ponto de você não se dispor a arriscar tudo para confiar em Deus? O medo do homem está muito associado à descrença. Da mesma forma, o temor do Senhor e a fé estão intimamente relacionados.

As pessoas de fé também são realistas. Elas têm seu fundamento em uma realidade superior.

A descrença é realmente a fé em algo que não Deus. O Senhor tem ciúmes de nosso coração. Aquele cuja confiança básica está em outro entristece o Espírito Santo.

Não está na mente

A fé nasce do Espírito e brota no coração da humanidade. Ela não é intelectual nem anti-intelectual. A Bíblia não diz: *O homem crê com a mente!* Por intermédio da fé, o homem é capaz de entrar em concordância com a mente de Deus.

Submeter as coisas de Deus à mente do homem resulta em descrença e religião[14]. Quando sujeitamos, no entanto, a mente do homem às coisas de Deus, o resultado é fé e mente renovada. A mente é um ótimo servo, mas um péssimo mestre.

---

[14] Interpreto religião como forma sem poder.

Muito da oposição ao reavivamento vem de cristãos dirigidos pela alma.[15] O apóstolo Paulo chama-os *carnais*. Eles não aprenderam a ser liderados pelo Espírito. Qualquer coisa que não faça sentido à mente racional deles entra automaticamente em conflito com as Escrituras. Essa forma de pensar é aceita em toda igreja da civilização ocidental, o que deve explicar por que nosso Deus geralmente se parece tanto conosco.

A maioria dos objetivos da igreja moderna pode ser alcançada sem Deus. Tudo aquilo de que precisamos são pessoas, dinheiro e um objetivo comum. A determinação pode alcançar grandes coisas. No entanto, o sucesso não é necessariamente um sinal de que o objetivo era de Deus. Há pouco na vida da igreja para garantir que estamos sendo direcionados e fortalecidos pelo Espírito Santo. Retornar ao ministério de Jesus é a única garantia que temos de alcançar esse objetivo.

Fé a partir de um relacionamento

O Espírito Santo habita em meu espírito — o *lugar* de comunhão com Deus. À medida que aprendemos a receber de nosso espírito, aprendemos a ser direcionados pelo Espírito.

"Pela fé entendemos [...]."[16] A fé é o fundamento para o verdadeiro intelectualismo. Quando *aprendemos a aprender* dessa maneira, abrimo-nos para crescer na fé verdadeira porque ela não exige compreensão para funcionar.

Tenho certeza de que a maioria de vocês já teve esta experiência: ao ler a Bíblia, um versículo *salta aos olhos*. Há grande empolgação com a leitura desse versículo que lhe parece transmitir muita vida e encorajamento. Todavia, de início, você não

---

[15] A alma engloba a mente, a vontade e as emoções.
[16] Hebreus 11.3.

conseguia ensiná-lo nem explicá-lo, mesmo que, para viver, dependesse dele. O que acontece é o seguinte: seu espírito recebeu do Espírito Santo o poder de dar vida à palavra.[17] Quando aprendemos a receber de nosso espírito, nossa mente torna-se aprendiz e, portanto, submete-se ao Espírito Santo. Por intermédio desse processo de revelação e experiência, ela, por fim, obtém a compreensão. Isso é aprendizado bíblico — o espírito influenciando a mente.

A fé é substância e evidência

> Ora, a fé é a certeza daquilo que esperamos e a prova das coisas que não vemos.[18]

A fé é o espelho do coração que reflete as realidades do mundo do Senhor no nosso mundo. É a substância do reino que não se vê. Esse dom maravilhoso de Deus é a manifestação inicial aqui na terra do que existe no Reino de Deus. Por intermédio da oração, somos capazes de extrair essa realidade para esta daqui — é assim que a fé funciona.

Se eu for a uma pizzaria e pedir uma pizza, receberei um número e um recibo. Tenho de pôr esse número em um lugar visível sobre a mesa. Alguém, vindo da rua, poderá entrar no local e dizer que não serei servido. Então lhe direi: "Quando chamarem '52', a pizza será minha!". O número é a *substância* da pizza que espero. Se esse camarada me disser que a senha não vale nada, mostrarei o recibo, que serve para confirmar seu valor. Quando a pizza ficar pronta, o garçom procurará meu número. E em relação ao produto do céu, como ele sabe aonde deve chegar? Ele busca a substância... o número. Se surgir alguma questão sobre a

---

[17] "[...] pois a letra mata, mas o Espírito vivifica" (2Coríntios 3.6).
[18] Hebreus 11.1.

validade de meu número, meu recibo, que está na Bíblia, servirá para checar meu direito ao número e à pizza.

O céu não se move apenas pelas necessidades dos homens. Isso não quer dizer que Deus não se importa. Ele enviou Jesus por causa de sua grande compaixão. Quando Deus se move pela necessidade humana, ele, raramente, resolve a questão completamente. Ao contrário, ele fornece os princípios do Reino que, quando abraçados, corrigem os problemas. Se Deus fosse movido apenas pelas necessidades humanas, países como a Índia e o Haiti se tornariam as nações mais ricas do mundo. As coisas não funcionam dessa forma. O céu se move pela fé. Ela é a moeda do céu.

O resumo da fé

A seguir, apresento um resumo das influências da fé encontradas em Hebreus 11.2-34:

Pela fé — Os antigos receberam bom testemunho,
— Nós compreendemos,
— Enoque foi arrebatado porque agradou a Deus,
— Noé tornou-se herdeiro,
— Abraão obedeceu e habitou na terra da promessa,
— Sara recebeu poder para gerar e considerou fiel Deus, que lhe dera a promessa.

Pela fé — Abraão recebeu promessas,
— Isaque abençoou seu filho,
— José profetizou o que aconteceria depois de sua morte.

Pela fé — Os pais de Moisés o preservaram, vendo-o como especial,
— Moisés recusou alinhar-se com o sistema egípcio e, em vez disso, escolheu ser rejeitado pelo povo.
Pela fé — Os muros de Jericó caíram,
— Raabe não pereceu.

Pela fé — Eles subjugaram reinos,
— Eles praticaram a justiça,
— Eles obtiveram as promessas,
— Eles fecharam a boca dos leões,
— Eles apagaram o poder do fogo,
— Eles escaparam do fio da espada,
— Eles foram fortalecidos,
— Eles se tornaram poderosos nas batalhas,
— Eles puseram em fuga os inimigos.

A fonte da fé

A fé vem por se ouvir a mensagem [...].[19]

Não se afirma que ela venha *por ter ouvido dizer*. É o coração atento, no tempo presente, que está preparado para o depósito de fé do céu.[20]

O apóstolo Paulo foi impulsionado pela ordem: "Vão pelo mundo todo e preguem o evangelho a todas as pessoas".[21] Entretanto, quando ele estava pronto para pregar o evangelho na Ásia,[22] Deus lhe disse: "Não". O que Deus lhe *dissera* parecia en-

---

[19] Romanos 10.17.
[20] Veja Gênesis 22.
[21] Marcos 16.15.
[22] Veja Atos dos Apóstolos 16.

trar em conflito com o que *estava dizendo*.²³ Paulo, a seguir, preparou-se para ir a Bitínia. Mais uma vez Deus lhe disse: "Não". Depois disso, Paulo teve um sonho em que um homem o chamava da Macedônia. Esse sonho foi reconhecido como a vontade de Deus, e eles partiram.

Embora possamos conhecer a vontade de Deus ao ler as Escrituras, ainda assim precisamos do Espírito Santo para nos ajudar a interpretá-las e aplicá-las e para nos fortalecer a fazer sua vontade.

Temor

A ordem bíblica repetida com maior frequência é: "Não tema". Por quê? Porque o medo ataca o fundamento de nosso relacionamento com Deus... nossa fé. O medo é a fé no demônio, também chamada descrença. Jesus perguntou a seus discípulos temerosos por que a fé que tinham era pequena. O temor significa a ausência de fé. Ambos não coexistem — o medo solapa a fé.

O demônio é chamado Belzebu, cujo sentido é *senhor das moscas*. Ele e seus exércitos são atraídos pela decadência. Há algum tempo, mantínhamos um *freezer* em outro prédio, perto de nossa casa. Certo domingo, quando voltávamos de um culto na igreja, deparamo-nos com um cheiro horroroso, infelizmente difícil de esquecer. Percebi o que acontecera. O *freezer* quebrara. Achei que o cheiro forte que sentia havia dias era resultado do esquecimento de meus filhos de levar todo o lixo para fora. Na verdade, o cheiro era de carne apodrecida.

---

[23] Deus nunca contradiz sua palavra. No entanto, ele demonstra propensão em contradizer nossa compreensão de sua palavra. O princípio da Grande Comissão (em Marcos 16.15) não foi anulado pela situação de Atos dos Apóstolos 16. A aplicação desse princípio por eles era o objetivo de Deus.

Do assento do meu carro, vi a vitrine da loja, a cerca de 12 metros de distância. Estava negra por causa do enxame de moscas... número difícil de imaginar. O *freezer* estava cheio, com todos os tipos de carne. As moscas encontraram um bom lugar para procriar naquele terreno de carne podre e se multiplicavam em números inacreditáveis. Tanto a carne quanto o *freezer* foram destruídos.

Questões como amargura, ciúmes e ódio são ingredientes que deterioram o coração, convidando, assim, o mal a vir e influenciar as decisões da pessoa[24] — isso mesmo, até de cristãos. Lembre-se da admoestação de Paulo à igreja de Éfeso: "[...] e não deem lugar ao Diabo".[25] O medo também é uma deterioração do coração. Ele atrai as forças demoníacas da mesma forma que a amargura e o ódio fazem. Como as moscas sabiam onde estava meu *freezer*? Pelo cheiro de carne podre. O medo exala um cheiro similar. Assim como a fé, ele é *substância* no reino espiritual. Satanás não tem poder, exceto por intermédio de nosso assentimento. O medo torna-se a resposta de nosso coração quando concordamos com suas sugestões intimidantes.

Reaja ou responda

Muitos que temeram os excessos feitos por outros em nome da fé, ironicamente, abraçaram a descrença. Reações ao erro em geral produzem erros. Resposta à verdade sempre produz efeito naqueles que reagem ao erro. Algumas pessoas não teriam um sistema de crença se não fosse pelo erro dos outros. O pensamento e os ensinamentos delas são a antítese daquilo em que os outros acreditam e daquilo que praticam. O resultado é que aqueles que lutam por equilíbrio se tornam anêmicos. A palavra *equilíbrio*

---

[24] Veja Tiago 3.15,16.
[25] Efésios 4.27.

passou a significar *no meio da estrada* — sem ameaças para as pessoas ou para o demônio, pouco risco e, acima de tudo, a melhor forma de manter a imagem intacta.

A Igreja adverte seus membros do grande pecado da presunção. Deus adverte-nos do pecado da descrença. Será que Jesus disse: *Quando retornar, encontrarei pessoas descomedidas e presunçosas?* Ele estava preocupado, pois queria encontrar pessoas com fé, o tipo de fé que ele demonstrava. Enquanto nos misturamos a grupos com mentalidade similar à nossa, aqueles com fé iluminam um caminho que ameaça todas as nossas zonas de conforto. A fé ofende tudo o que é estacionário.

É difícil conviver com as pessoas de grande fé. Sua forma de pensar é *do outro mundo*. Meu avô, pastor, serviu, no início do século XX, no ministério de grandes homens e mulheres de Deus. Costumava dizer que nem todo mundo gostava de Smith Wigglesworth. Sua fé levava as pessoas a se sentir desconfortáveis. Assim, ou ficamos como essas pessoas de fé contagiante ou as evitamos. Achamos seu estilo de vida contagiante ou ofensivo, com pouco terreno neutro. Smith é muito amado hoje em dia... mas só porque já morreu. Israel também amava seus profetas mortos.

Há algo surpreendente sobre a descrença — ela é capaz de preencher suas próprias expectativas. A descrença é segura porque não assume riscos e, quase sempre, consegue o que espera. Portanto, depois que uma pessoa consegue a resposta para sua descrença, pode dizer: "Bem que avisei você".

Uma realidade superior

Minha fé não é do tipo que só obedece, ela é ativa. É agressiva por natureza. Tem foco e propósito. A fé apodera-se da realidade do Reino e, de forma violenta e vigorosa, o faz colidir com o mundo natural. Um reino inferior não se sustenta.

Uma das coisas mais comuns que as pessoas me dizem quando estou prestes a orar pela cura delas é: "Sei que Deus pode fazer isso". E o demônio também sabe. Na melhor das hipóteses, isso é esperança... não fé. A fé conhece a vontade de Deus.

Para alguém que tem fé, não há nada impossível nem exceções.

Sheri, por exemplo, depois de uma reunião maravilhosa pertinho de Nashville, Tennessee, veio à frente para receber oração. Ela sofria de lúpus havia vinte e quatro anos e, nos últimos quatro anos, a doença lhe causara hipertensão pulmonar. A situação era tão difícil que ela teve de colocar um gotejador de alumínio no coração. Uma bomba ligada a ele era responsável por suprir o medicamento que a manteria viva. O médico disse que sem essa medicação ela só conseguiria manter-se viva por apenas três minutos.

Quando ela veio até mim, realmente senti a presença de algo que jamais sentira de forma tão intensa. Era fé. De fato, dei um passo atrás, fitei seu semblante por alguns minutos e percebi que estava vendo algo realmente novo. Após receber a oração, ela caiu no chão sob o poder de Deus. Quando se levantou, perguntei-lhe como se sentia. Ela descreveu um calor em seu peito. (O calor, em geral, acompanha o toque da cura de Deus.) Enquanto ela se afastava, disse-lhe: "Sua fé conseguiu isso para você!".

Esse fato ocorreu no sábado à noite. Às 7 horas da manhã seguinte, o Senhor falou com ela, dizendo-lhe que não precisava mais do equipamento.[26] Assim, ela o retirou. Cerca de catorze horas depois, deu testemunho do poder maravilhoso de cura do Senhor.

E, desde essa época, vive sem o gotejador de alumínio — não precisa mais dele!

---

[26] Quando me perguntam o que fazer com relação aos medicamentos, digo às pessoas que façam o que sentem no coração. Não seria benéfico para elas fazer aquilo que acredito ou deixar de fazer aquilo que poderia ser contaminado por minha descrença.

Ouvidos para ouvir

A "fé vem por se ouvir a mensagem, e a mensagem é ouvida mediante a palavra de Cristo."[27]

Observe que esse versículo não diz por *ter ouvido dizer*. Toda a natureza da fé implica um relacionamento atual com Deus. A ênfase é no ouvir... no momento presente! Em Gênesis, Deus disse a Abraão para sacrificar Isaque. Quando Abraão levantou a faca para matar o filho, Deus falou novamente. Dessa vez, o Senhor lhe disse para não matá-lo, pois havia passado no teste de estar disposto a fazer qualquer coisa para Deus. Podemos considerar um benefício o fato de que a única conexão de Abraão com Deus não se fundamentava no que *foi dito*, mas no que o Senhor *estava dizendo*!

Respostas para as impossibilidades da vida

O que este mundo necessita é de que a Igreja volte a *mostrar* e a *pregar* a mensagem do Reino de Deus. As pessoas precisam de uma âncora maior que qualquer coisa que podem ver. O sistema do mundo não tem respostas para os crescentes problemas que enfrenta — toda solução é apenas temporária.

Dale veio até meu escritório para confessar seu pecado. Ele morava a boa distância de minha cidade, mas, por nos ter enganado com uma quantia de dinheiro, sentiu necessidade de vir pessoalmente confessar seu pecado. Entrou em meu escritório com dificuldade e, obviamente, enfrentava grande dor. Levantou a camisa para me mostrar duas cicatrizes que acompanhavam toda a espinha dorsal, de alto a baixo. Alguns anos atrás, ele quebrara suas costas e, recentemente, envolvera-se em um desastre de carro, agravando ainda mais seu problema. Depois, disse-me

---

[27] Romanos 10.17.

que Deus provavelmente gostaria de curá-lo, mas que ele se interpusera no caminho do Senhor. Eu lhe disse que ele não era grande o suficiente para isso. Tudo o que eu podia ver era a grandeza de Deus e a condição débil do homem. Ele olhou para mim, e notei um ar de perplexidade em seu semblante. Prossegui para explicar que Deus era realmente grande e poderia muito bem fazer conforme lhe agradasse. Embora Dale não tenha sido movido a uma grande fé, começou a duvidar de sua dúvida. Isso era o necessário. Impus as mãos sobre suas costas e convidei o Espírito Santo a vir e dar seu dom da cura. A seguir, ordenei a cura de suas costas. Ele se curvou e pôs as mãos no chão, dizendo: "Não conseguia fazer isso!". Continuou a fazer, vez após vez, e declarava: "Não conseguia fazer isso!". Saiu de meu escritório sem sentir dor, com todos os movimentos restaurados e o coração cheio de louvor. Ali estava um homem que, alguns momentos antes, mal podia caminhar.

A fé não é a ausência de dúvida, é a presença da crença. Posso achar que nem sempre sinto grande fé. No entanto, posso sempre obedecer, impondo minhas mãos sobre alguém e orando. Para mim, seria um equívoco se sempre tentasse examinar minha fé. Raramente, encontro-a em mim. É melhor obedecer *rapidamente*. Depois que tudo estiver acabado, posso olhar em retrospectiva e ver que minha obediência provém da fé.

O efeito da bomba de fragmentação

O aumento do nível da fé coletiva leva ao que chamo *efeito de bomba de fragmentação*, em que inocentes espectadores são tocados pelo poder de Deus que opera milagres.

Francis tinha câncer de esôfago. Certo domingo de manhã, durante a adoração, ela se inclinou na direção do marido e disse-lhe: "Fui curada!". Ela sentiu o *calor* de Deus tocar suas mãos e concluiu que esse fato representava o toque curador de Deus. Quando foi ao médico, contou-lhe sua experiência, e a resposta dele foi: "Esse tipo de tumor não desaparece". Depois de examiná-la, o médico afirmou: "Você não só foi curada do câncer, mas também tem um esôfago novo!".

A fé coletiva, de formas maravilhosas, extrai o céu para nossa realidade. O mundo do Senhor passa a ser manifestado em nossa volta.

Sharon, muitos anos atrás, sofreu um acidente em que um tendão de sua perna foi destruído. Isso a deixou com movimentos restritos e dormência no pé. Em um dos cultos de domingo à noite, eu estava fazendo um chamado do altar para que as pessoas se acertassem com Deus. Sharon começou a fazer todo tipo de barulho. Parei com o chamado do altar e perguntei-lhe o que estava acontecendo. Ela me contou sobre o formigamento que percorria sua perna e a subsequente restauração de todos os movimentos e sensações em seu pé. Um milagre criativo aconteceu sem que ninguém orasse por isso.

O grupo, nessa reunião particular, era bastante pequeno. No entanto, o poder não está no número de pessoas que comparecem ao culto. O que importa é a quantidade de pessoas que entram em concordância. O poder exponencial[28] é o produto da *unidade de fé*.

Em algumas reuniões, é fácil confundir entusiasmo com fé. Nesse cenário, enfatizo o uso de testemunhos para estimular o coração das pessoas a crer no impossível a fim de que o Senhor possa irromper ali.

Mais do que só falar alto

Assim como o medo é um elemento tangível no espírito do mundo, também a fé é tangível ali. A voz natural de um homem

---

[28] Veja Deuteronômio 32.30.

em altos brados pode intimidar outros. No entanto, os demônios conhecem a diferença entre aquele que é verdadeiramente ousado e agressivo *por causa de sua fé* e aquele que apenas cobre seus medos com esse comportamento. Os cristãos, com frequência, usam essa tática quando expulsam demônios. Muitos de nós já proferimos, em altos brados, ameaças, chamamos os anjos em nosso auxílio, prometemos tornar as coisas muito difíceis para os demônios no dia do julgamento e outras coisas tolas só para encobrir a imaturidade e o medo. A fé real está ancorada no reino que não se vê e também está conectada à autoridade outorgada a nós em nome do Senhor Jesus Cristo.

A autoridade para expulsar demônios encontra-se no descanso. Descanso é o clima favorável para o crescimento da fé.[29] É proveniente da paz do Senhor. É o Príncipe da Paz que logo esmagará Satanás debaixo de seus pés![30] O que nos traz descanso é algo violento para os poderes do inferno. Essa é a natureza violenta da fé.

Isso não é uma tentativa emocional para ganhar autoconfiança ou autodeterminação. Ao contrário, é mover o coração para um lugar em que ele se entregue ao Senhor... um lugar de descanso. Um coração entregue é um coração de fé. E a fé tem de estar presente para agradar a Deus.

Violência e fé

"Desde os dias de João Batista até agora, o Reino dos céus é tomado à força, e os que usam de força se apoderam dele."[31]

Dois homens cegos[32] que estavam sentados à beira do caminho chamaram Jesus. As pessoas lhes disseram que se calassem.

---

[29] Veja Hebreus 3.11—4.11.
[30] Veja Romanos 16.20.
[31] Mateus 11.12.
[32] Veja Mateus 9.27.

Isso só serviu para aumentar a determinação deles. Ficaram mais desesperados e, com voz ainda mais alta, clamaram. Jesus os chamou e os curou, dizendo que o Reino se aproximara deles. Ele atribuiu esse milagre à fé que tinham.

Uma mulher[33] que sofria de hemorragia havia doze anos abriu caminho em meio à multidão. Quando, por fim, conseguiu tocar as vestes de Jesus, foi curada. Ele atribuiu isso à sua fé.

Há muitas histórias como essas e todas terminam de forma semelhante — as pessoas são curadas ou libertadas por causa da fé. A fé pode abrir caminho de forma calma ou gritar aos altos brados, mas é sempre violenta no mundo espiritual. Ela se apossa da realidade que não vemos e não a deixa partir. Tomar o Reino pela fé é um ato violento que é necessário para entrar naquilo que Deus tornou disponível para nós.

A fé fortalece

Um carro pode ter muitos cavalos de potência. No entanto, ele não chega a lugar nenhum se a embreagem não for liberada, conectando o poder do motor e transferindo esse poder para as rodas. O mesmo acontece com a fé. Todos nós temos o poder dos céus em nossa retaguarda. No entanto, é nossa fé que conecta o que está disponível nas circunstâncias à mão, tornando-o real.

Não é errado tentar crescer na fé. Errado é buscar os sinais e o aumento no número de milagres. Todos eles fazem parte dos direitos do cristão. Todavia, aprender a orar é a tarefa à mão. Essa foi a única coisa que os discípulos pediram para Jesus lhes ensinar. E examinaremos a seguir a oração modelo, o Pai-nosso, para termos percepções da visão de Deus sobre a oração e a liberação de seu domínio para nós.

---

[33] Veja Mateus 9.20-22.

5

Orando para que o céu venha a terra

Se você quer algo de Deus, tem de orar para chegar ao céu. É ali onde tudo está. Se você mora no reino terrestre e espera receber de Deus, jamais conseguirá nada.[1]

A Igreja tem sido negligente em uma coisa... ela não tem orado pelo poder de Deus proveniente do céu.[2]

A celebração de 4 de julho, o dia da independência dos Estados Unidos, foi o maior evento do ano para nossa comunidade. O desfile, o rodeio e a corrida foram algumas das atividades que aconteceram durante o festival que durou cerca de uma semana.

Os carnavais também chegaram até nós, com passeios, jogos e comidas especiais, sempre encontrados nesses eventos. Certo ano, uma cartomante tentou juntar-se a nós. Ela levantou sua tenda e expôs seu baralho de tarô, a bola de cristal e outros objetos ligados a suas atividades de médium. O diabo a enviou para compartilhar o dom *demoníaco* com os cidadãos de minha cidade. Todos na igreja começaram a orar.

---

[1] HILBERT, Albert. **The Secret of His Power.** Tulsa, OK: Harrison House, Inc., 1982. Consulte p. 47, para saber mais sobre Smith Wigglesworth.
[2] LAKE, John G. **His Sermons, His Boldness of Faith.** Worth, TX: Kenneth Copeland Publications, 1994. p. 313.

Enquanto caminhávamos ao redor da tenda, comecei a declarar: *Você não existe no céu, então não deve existir aqui. Esta é minha cidade. Você entrou nela de forma ilegal. Proíbo-o de estabelecer raízes aqui! Deus declarou que onde quer que as solas de meus sapatos tocassem esse lugar seria meu. Amarro-o à Palavra de Deus que diz que tenho autoridade sobre você. Saia daqui!* Continuei a caminhar em volta da tenda, da mesma forma que Israel caminhou em volta do muro de Jericó. Nada caiu no mundo natural.

Não falei essas coisas à mulher. Nem fiz isso alto o suficiente a ponto de chamar sua atenção. Ela não era minha inimiga nem representava um problema para mim. O reino das trevas que a fortaleceu era meu alvo. Enquanto ela estava fazendo uma *magia* para um casal sentado à mesa de sua tenda, fiquei do outro lado, apenas a alguns metros. Estendi minha mão na direção deles, amarrando o poder do inferno que tinha a intenção de destruí-los. Saí dali quando achei que tinha conseguido meu intento. (As mãos que foram entregues a Deus podem liberar o poder do céu em uma situação. No mundo espiritual, ele é liberado como um raio.)[3]

Embora a feira fosse continuar ali por muitos outros dias, aquela mulher deixou a cidade na manhã seguinte. O poder que a influenciava fora quebrado. Ela não poderia ter saído de lá de forma mais rápida. Foi como se as *vespas de Êxodo* a levassem para fora da cidade.[4]

Jesus nos deu um modelo para seguir

O pai-nosso, a oração modelo de Jesus, fornece a instrução mais clara sobre como podemos trazer a realidade de seu mundo

---

[3] Veja Habacuque 3.2-4.
[4] Veja Êxodo 23.28 (**ARA**).

para este aqui. Os generais do reavivamento das eras passadas dizem: *Se você orar, o Senhor virá!*

A oração bíblica é sempre acompanhada pela obediência radical. A resposta de Deus à oração com obediência libera a natureza do céu em nossas circunstâncias deterioradas.

O modelo de Jesus revela duas prioridades reais da oração. A primeira é a intimidade com Deus expressa na adoração — "santificado seja o teu nome". A segunda é trazer seu reino à terra, estabelecendo seu domínio sobre as necessidades da humanidade — "Venha o teu Reino".

À medida que nos preparamos para examinar essa oração, deixe-me enfatizar um pensamento que nos ajudará a compreender melhor o propósito por trás da oração; como discípulos, somos cidadãos e embaixadores de outro mundo. Este mundo é nossa atribuição, mas não nossa casa. Nosso propósito é eterno. Os recursos necessários para completar essa atribuição são ilimitados. As únicas restrições são aquelas existentes entre nossas orelhas.

Examinemos a oração de Mateus 6.9-13, começando pela primeira frase.

"Pai nosso, que estás nos céus! Santificado seja o teu nome".

Pai é um título de honra e um chamado para o relacionamento. O que o Senhor fez para tornar possível que o chamemos de "Pai nosso" é tudo o que alguém precisa ver para começar a ser um verdadeiro adorador. *Santificado* quer dizer respeitado ou reverenciado. Essa também é uma expressão de louvor. No livro de Apocalipse, também conhecido como a *Revelação de Jesus Cristo*[5] (não do anticristo!), fica óbvio que o louvor e a adoração são

---
[5] Veja Apocalipse 1.1.

atividades básicas do céu. E o mesmo deve ser verdade para os cristãos aqui na terra. Quanto mais vivemos como cidadãos do céu, mais as atividades do céu influenciam nosso estilo de vida.

No ministério, a adoração é nossa prioridade número 1. Tudo mais que fazemos pode ser afetado por nossa devoção a esse chamado. Ele habita em nosso louvor. Uma versão em inglês apresenta a seguinte tradução: "Contudo, tu és santo, entronizado entre os louvores de Israel". Deus responde à adoração do cristão com a invasão literal da terra.[6]

Um dos meus filhos é líder de adoração. Ele, com sua guitarra, levou um amigo a um *shopping center* para adorar a Deus. Depois de três horas, pararam de cantar e dançar diante do Senhor. Um homem desavisado que passava pela mesma área do *shopping center* onde eles estavam adorando parou, pôs a mão no bolso, pegou um punhado de droga ilegal e a jogou no chão. Ninguém disse nada a ele sobre seu pecado. Como isso aconteceu? O céu tocou a terra, e não existem drogas ilegais no céu.

Vemos isso acontecer com bastante regularidade conforme as equipes de nosso ministério saem pelas ruas de São Francisco, Califórnia. Trabalhamos em ministérios compassivos e fazemos um esforço claro para levar o poder sobrenatural de Deus a vidas arruinadas. Cura e libertação são a norma. Algumas vezes, isso acontece no ambiente de adoração.

À medida que sua presença se manifesta sobre as pessoas que adoram, até mesmo os descrentes são levados a um encontro com o Senhor nas ruas atormentadas de São Francisco. Quando as pessoas passam por nós, vemos muitas delas manifestar demônios, ao passo que outras começam a gargalhar de alegria quando entram na presença do Senhor.

---

[6] Salmos 22.3 (**ARA**).

Essas coisas não devem surpreender-nos. Veja como Deus responde aos louvores de seu povo, conforme mencionado em Isaías 42.13: "O SENHOR sairá como homem poderoso, como guerreiro despertará o seu zelo; com forte brado e seu grito de guerra, triunfará sobre os seus inimigos".

"Venha o teu Reino; seja feita a tua vontade, assim na terra como no céu."

Esse é o foco primário de toda oração — se existe céu, ele tem de ser manifestado na terra. É o cristão que ora que *manifesta* a expressão do céu aqui na terra. Quando ele ora de acordo com a vontade revelada de Deus, a fé é específica e focada. Ela se apodera *dessa realidade.* A fé perseverante não abre mão do céu. Esse tipo de invasão leva as circunstâncias daqui a se alinhar com o céu. Os críticos dessa visão, de forma sarcástica, dizem: "Então, imagino que devemos orar para ter ruas de ouro". Não mesmo! Mas nossas ruas devem ser conhecidas por ter a mesma pureza e bênção do céu — "o nosso gado dará suas crias; não haverá praga alguma nem aborto. Não haverá gritos de aflição em nossas ruas".[7] Tudo o que acontece aqui deve ser uma sombra do céu. Por sua vez, toda revelação do céu que Deus nos deu serve para nos preparar com o foco da oração.

Quanto do céu Deus quer que seja manifestado aqui na terra? Ninguém sabe ao certo. No entanto, por intermédio da história da Igreja, sabemos que é mais do que temos agora. E sabemos pelas Escrituras que é mais do que já fomos capazes de conceber em nossa mente.[8]

---

[7] Salmos 144.14.
[8] Veja 1Coríntios 2.9,10 e Efésios 3.20,21.

A vontade de Deus é vista na presença dominante do Senhor, pois "onde está o Espírito do Senhor, ali há liberdade".⁹ Onde quer que o Espírito do Senhor esteja demonstrando o senhorio de Jesus, a liberdade é o resultado. Todavia, outra forma de dizer isso é: *Quando o Rei dos reis manifestar seu domínio, o fruto desse domínio será a* LIBERDADE. Esse reino é chamado de *Reino de Deus*. O Senhor, em resposta a nosso clamor, traz seu mundo para o nosso.

Da mesma forma, se algo não tiver liberdade para existir no céu, tem de ser amarrado aqui. Mais uma vez, pela oração, temos de exercitar a autoridade que nos foi dada. "Eu lhe darei as chaves do Reino dos céus; o que você ligar na terra *terá sido* ligado nos céus, e o que você desligar na terra *terá sido* desligado nos céus."¹⁰ Observe a expressão *terá sido*. A implicação é que apenas podemos ligar ou desligar o que já foi ligado e desligado lá no céu. Mais uma vez, o céu é nosso modelo.

"Dá-nos hoje o nosso pão de cada dia."

Existe alguém passando fome no céu? É claro que não. Esse pedido é uma aplicação prática de como o domínio do Senhor deve ser visto aqui na terra — suprimentos abundantes. O abuso de alguns na área da prosperidade não é desculpa para o abandono das promessas de Deus de provisão abundante para seus filhos. Ele tem prazer em fazer isso. Por haver provisão completa e perfeita no céu, deve haver o mesmo aqui na terra. O céu estabelece o padrão para o mundo material cristão — o suficiente para satisfazer os desejos nascidos de Deus e *suficiente* para "toda boa obra".¹¹ Nossa base legal para a provisão vem do modelo celestial

---

⁹ 2Coríntios 3.17.
¹⁰ Mateus 16.19, grifos nossos.
¹¹ 2Coríntios 9.8.

fornecido a nós em Jesus Cristo: "E o meu Deus, segundo a sua riqueza em glória, há de suprir, em Cristo Jesus, cada uma de vossas necessidades".[12] Segundo o quê? *Sua riqueza.* Onde? *Em glória.* Os recursos do céu têm de afetar nossa vida aqui e agora.

"Perdoa as nossas dívidas, assim como perdoamos aos nossos devedores."

Existe perdão no céu? Não! O céu fornece o modelo para nosso relacionamento aqui na terra. "Sejam bondosos e compassivos uns para com os outros, perdoando-se mutuamente, assim como Deus os perdoou em Cristo. Portanto, sejam imitadores de Deus, como filhos amados."[13] Esses versículos deixam claro que nosso modelo é Jesus Cristo... aquele que ascendeu à direita do Pai... aquele cujo Reino buscamos. Mais uma vez, essa oração ilustra uma forma prática de orar para que a realidade do céu cause um efeito no planeta Terra.

"E não nos deixes cair em tentação, mas livra-nos do mal."

Não há tentação ou pecado no céu. Não há, tampouco, nenhuma presença do mal ali. Ficar separado do mal é uma evidência prática de que passamos a viver sob o governo do Rei. Essa oração não implica que Deus quer tentar-nos. Sabemos, graças a Tiago 1.13, que é impossível que Deus nos tente a pecar. Esse tipo de oração é importante porque exige que encaremos nossa necessidade: a graça. Ela nos ajuda a alinhar nosso coração com o céu — um coração com absoluta dependência de Deus. O Reino de Deus nos fornece um modelo para as questões do coração.

---

[12] Filipenses 4.19 (**ARA**).
[13] Efésios 4.32—5.1.

Essa oração é realmente um pedido a Deus para que ele não nos promova além daquilo que nosso caráter é capaz de gerenciar. Algumas vezes, nossa unção e nosso dom estão prontos para receber mais responsabilidades, mas nosso caráter não. Quando a promoção vem cedo demais, o impacto de nosso dom traz uma notoriedade que se transforma no catalisador de nossa queda.

A expressão "livra-nos do mal", conforme tradicionalmente traduzida, significa, na verdade, *liberta-nos do maligno*. Um coração modelado segundo o céu é bem-sucedido na guerra espiritual. É por isso que a Bíblia diz: "Portanto, submetam-se a Deus. Resistam ao Diabo, e ele fugirá de vocês".[14]

Jesus, de fato, quis dizer: "Não tenho nada que ver com Satanás". O cristão tem de ficar completamente livre de toda influência satânica e ligação com o maligno. Esse é o clamor transmitido nessa oração.

"Porque teu é o Reino, o poder e a glória para sempre. Amém."

O Reino de Deus é possessão do Senhor, e essa é a razão por que só ele pode dá-lo a nós.[15] Quando declaramos essa realidade, iniciamos as declarações de louvor! Em toda a Escritura, ouvimos declarações similares a essa contida em sua oração modelo nas quais se afirma que *toda glória e todo poder* pertencem ao Senhor.

Um dos mais importantes ensinamentos que já recebi é proveniente de Derek Prince, e isso aconteceu há cerca de trinta anos. Foi uma mensagem maravilhosa sobre o louvor. Nela, ele sugere que, se tivéssemos apenas dez minutos para orar, devería-

---

[14] Tiago 4.7.
[15] Veja Lucas 12.32.

mos gastar oito minutos só para louvar ao Senhor. É maravilhoso perceber por quantos motivos podemos orar nos dois minutos restantes. Essa ilustração ajudou-me a reforçar a prioridade da adoração que eu estava aprendendo com meu pastor... meu pai.

Mais uma vez, essa oração tem dois objetivos: (1) ministrar em nome do Senhor com base em um relacionamento pessoal e íntimo com ele, e (2) trazer a realidade de seu governo (o Reino) para a terra.

Um esboço de Mateus 6.9-13 fornece-nos a abordagem do Reino para a oração:

1. Louvor e adoração
2. Oração para que o céu venha a terra
    a. O efeito do céu sobre as necessidades materiais
    b. O efeito do céu sobre os relacionamentos pessoais
    c. O efeito do céu sobre nosso relacionamento com o mal
3. Louvor e adoração

"Busquem, pois, em primeiro lugar o Reino de Deus e a sua justiça, e todas essas coisas lhes serão acrescentadas."[16]

Este versículo não pertence à oração modelo que Jesus apresentou nos versículos 9 a 13. No entanto, faz parte do contexto de sua mensagem geral sobre o reino do Sermão do Monte. Nesse sermão, ele estabelece a prioridade que engloba todos os valores e objetivos cristãos: "Busquem [...] em primeiro lugar o Reino de Deus".

Compreender essa oração ajuda-nos a perceber o objetivo de toda oração — que o senhorio de Jesus seja visto em todas as circunstâncias da vida. À medida que o Reino de Deus confron-

---

[16] Mateus 6.33.

ta o pecado, o perdão nos é concedido, e a mudança ocorre na natureza que só conhecia o pecado. Quando seu governo colide com a doença, as pessoas são curadas. Quando depara com os endemoninhados, eles são libertos. A natureza da mensagem do Reino fornece salvação ao homem inteiro — espírito, alma e corpo. Esse é o evangelho de Jesus Cristo.

Sempre me pareceu que a frase "e todas essas coisas lhes serão acrescentadas" significava que, se minhas prioridades estivessem corretas, ele garantiria qualquer coisa de que eu necessitasse. Depois de compreender a oração modelo melhor, não tenho certeza de que essa realmente era a intenção de Deus. Ele disse apenas que, se buscássemos primeiro seu Reino, veríamos seu Reino, totalmente equipado, vir a nós. Ele traria a resposta do Senhor às nossas necessidades materiais e relacionais e à nossa luta contra o mal.

Estabelecendo uma nova franquia

Suponha que eu tivesse um restaurante muito bem-sucedido, e você quisesse investir seu dinheiro para obter seu nome e tudo o que o acompanha — menus, decoração única, programa de gerenciamento e qualidade de treinamento dos funcionários. Seria exigido que você seguisse o padrão estabelecido pela matriz. O esquema de cor seria o mesmo, bem como o tipo de mobília, assim como os assessórios e os itens que constam do *menu*. O manual da política de recursos humanos e o estilo de gerenciamento também seriam copiados. Em essência, eu sobreporia a matriz do restaurante ao novo restaurante até que todos eles ficassem parecidos uns com os outros.

Quando oramos para que o Reino de Deus venha a nós, estamos pedindo ao Senhor que sobreponha as regras, as ordens e os benefícios de seu mundo sobre este aqui, até que este mundo fique parecido com o dele. É isso o que acontece quando os doentes são curados, ou os endemoninhados são libertados. O mundo do Senhor colide com nosso mundo de trevas, e o mundo de Deus sempre vence. Nossa batalha é sempre uma batalha por domínio — um conflito de reinos.

Criados para o governo

Fomos criados para a intimidade. Nossa comissão para governar provém dessa intimidade. Tenha em mente que o Senhor concebe o governar de forma muito distinta da que concebemos. Governamos por intermédio do serviço. Muitos cometem o engano de achar que os cristãos têm de ser os líderes de todas as empresas, governos e departamentos. Por melhor que essa ideia soe, na verdade ela não passa de um *fruto* do verdadeiro objetivo. A semelhança com Cristo — *excelência com humildade* — é o verdadeiro objetivo. A promoção vem do Senhor. Se gastássemos mais tempo desenvolvendo o *coração do Reino*, teríamos mais pessoas em posições-chave de liderança.

A oração é a atividade mais simples do cristão. De filho para Pai... de amigo para amigo... um bate papo... algumas vezes em voz alta. A oração é também uma das questões mais complicadas para nós. Fórmulas não funcionam nesse Reino de relacionamento.

Ser capazes de orar é uma honra que está além de toda compreensão. Somos os representantes de Deus aqui na terra — embaixadores de seu mundo. Nossos clamores, todos eles, tocam o coração do Senhor.

Oração, o essencial

A intimidade é o principal propósito da oração. E é por intermédio do relacionamento com Deus que ele confia a nós os segredos de seu coração, que podem ser expressos em oração. Foi isso o que o Senhor fez com Simeão e Ana à medida que tocou o coração deles para que orassem pela vinda do Messias muito antes de Jesus nascer.[17] Até mesmo o retorno do Senhor será precedido pela declaração da noiva: "O Espírito e a noiva dizem: 'Vem!' ".[18]

Se essas coisas fossem acontecer, de qualquer maneira, qual seria o propósito da oração? Deus, aparentemente, impôs a si mesmo uma restrição — agir em assuntos dos homens em resposta à oração.

Deus escolheu trabalhar por nosso intermédio. Delegou a nós sua autoridade para governar o planeta Terra, e a oração é o veículo que abre espaço para sua invasão. Aqueles de nós que não oram permitem às trevas continuar a governar. Os maiores esforços do inimigo para enganar a Igreja estão centrados no propósito e no efeito da oração.

Representando outro mundo

> A nossa cidadania, porém, está nos céus, de onde esperamos ansiosamente o Salvador, o Senhor Jesus Cristo.[19]

Paulo dirigiu essas palavras à igreja de Filipos, cidade romana da Macedônia. Ela desfrutava da cultura romana e também do governo e da proteção romana, embora estivesse na Macedônia. Os filipenses compreenderam muito bem a acusação de Paulo sobre os cidadãos de outro mundo. Ele não falou sobre ir para o céu um dia, mas sobre ser cidadãos do céu hoje... em especial *do céu na terra*.[20]

---

[17] Lucas 2.25-38.
[18] Apocalipse 22.17.
[19] Filipenses 3.20.
[20] Em outro trecho deste livro, trataremos mais profundamente esse assunto.

Temos o privilégio de representar o céu *neste* mundo, de forma que possamos trazer a manifestação do céu *para* este mundo.

O estilo de vida da embaixada

Como embaixadores, moramos neste mundo enquanto representamos outro. Uma embaixada é o centro de operações do embaixador e de seu pessoal. Na verdade, é considerada parte da nação que ela representa. O mesmo acontece com o cristão/embaixador. A Bíblia promete: "Todo lugar onde puserem os pés eu darei a vocês".[21]

Assim como os embaixadores dos Estados Unidos têm um padrão de vida condizente com o de seu país, independentemente da nação onde sirvam, também os embaixadores do Reino de Deus vivem de acordo com a economia do céu, embora estejam na terra. Todos os recursos de nosso Rei estão a nossa disposição para realizar o desejo do Senhor. É dessa forma que Jesus fala sobre o estilo de vida despreocupado — *observem as aves do céu.*[22]

Como embaixador, o exército do Reino que represento está a minha disposição para me ajudar a realizar as ordens do Rei. Se minha vida, como representante de uma nação, é ameaçada, os exércitos do governo fazem o que for necessário para me proteger e me libertar. O mesmo acontece com os exércitos angelicais do céu. Eles *prestam serviços àqueles que herdarão a salvação.*[23]

Essa *mentalidade de embaixador* foi uma das primeiras coisas que adquiri de Winkey Pratney. Quando ele entra em um avião, lembra a si mesmo que, embora os outros passageiros possam estar representando grandes empresas, ele está representando outro

---

[21] Josué 1.3.
[22] Mateus 6.26.
[23] Veja Hebreus 1.14.

mundo. Tenho seguido seu exemplo e praticado esse princípio por quase trinta anos. Isso me ajuda a manter uma perspectiva clara sobre o propósito eterno toda vez que saio de casa.

Intercessão ou sessão de reclamações

Uma das melhores razões para não orar deve-se ao fato de observarmos aqueles que o fazem. Muitos que chamam a si mesmos intercessores levam uma vida deprimente. Não quero minimizar o efeito genuíno do fardo do Senhor que vem sobre nós quando oramos de forma eficaz. Isso é real e necessário. No entanto, um estilo de vida instável tem sido promovido por aqueles que afirmam ser intercessores, mas ainda não aprenderam a *liberar as coisas* em oração. O fardo do Senhor leva-nos a outro lugar! Compreendi isso do jeito mais difícil.

Desde cedo, aprendi a importância da oração. Chip Worthington, meu pastor quando eu era jovem, manteve-me na linha com seus ensinamentos e também com muitos livros que me deu para ler.

Passei muito tempo orando, e essa prioridade acompanhou-me até chegar à idade adulta. No entanto, o foco de minha oração, com frequência estava em minha própria espiritualidade... ou deveria dizer, na ausência dela. Eu levantava cedo para orar e também orava tarde da noite. Deus honrou o sacrifício que fiz, mas minhas vitórias pessoais não coincidiram com meus períodos elaborados de oração. Ao contrário, elas parecem mais ligadas a meus atos de fé. Por meu foco ainda estar em mim, havia pouca vitória que eu realmente poderia ligar a minhas orações.

Empenhar-se em oração nem sempre é sinal da verdadeira intercessão. Muitos de nós ainda não somos capazes de distinguir entre *o fardo de nossa própria incredulidade e o fardo do Senhor*. Atualmente, oro até chegar ao lugar da fé para determinada situação.[24] Quando isso acontece, minha perspectiva sobre o problema muda. Começo a ver da perspectiva do céu. Meu papel também muda. Em vez de pedir a Deus que intervenha em minhas circunstâncias, começo a ordenar que as *montanhas sejam removidas* em nome do Senhor. É desse lugar de fé (ou descanso) que descubro meu papel como aquele que ora.

Oro até que aconteça um grande progresso na situação. A seguir, exercito a autoridade outorgada pelo Senhor para que eu execute sua vontade nas circunstâncias mais próximas.

A perfeita tempestade

Jesus estava dormindo em meio a uma tempestade ameaçadora. Os discípulos o acordaram porque estavam com medo de morrer. Ele exercitou sua autoridade e apaziguou a tempestade. Foi a paz do céu que o capacitou a dormir. E foi essa mesma paz que subjugou o temporal. *Você só tem autoridade sobre a tempestade diante da qual você consegue dormir.*

Se estou muito ansioso em determinada situação, para mim é difícil liberar paz — porque só posso dar o que tenho. A autoridade age de acordo com a paz do céu.

Mesmo depois de os discípulos receberem a resposta à sua oração — acalmar a tempestade — Jesus perguntou-lhes sobre sua falta de fé. Para muitos de nós, a resposta a uma oração é a recompensa para nossa grande fé. Nesse caso, eles obtiveram a resposta que desejavam, mas foram informados de que tinham *pouca fé*. Jesus esperava que eles exercitassem a autoridade que lhes havia sido dada para que eles fizessem o mar se acalmar.

---

[24] Algumas vezes, a situação é maior do que poderíamos tratar em apenas uma sessão de oração. Obviamente, temos de continuar cultivando a necessidade de orar. Mas não faz bem a ninguém realizar isso sob a "nuvem" da descrença.

Em vez disso, eles pedem ao Mestre para fazê-lo. Normalmente preferimos a oração à obediência arriscada.

Além disso

A teologia correta não nos capacitou a completar a tarefa que Jesus nos deu há dois mil anos. A Grande Comissão não foi alcançada por intermédio de nossos vastos recursos financeiros e pessoais. Para ver os grandes avanços que Jesus fez, temos de abraçar o que Jesus abraçou: o Espírito Santo. Esse dom especial é o assunto do capítulo seguinte. Ali, você verá como o domínio do Espírito é o domínio do Reino de Deus.

6
O Reino e o Espírito

Digo-lhes a verdade: Entre os nascidos de mulher não surgiu ninguém maior do que João Batista; todavia, o menor no Reino dos céus é maior do que ele.[1]

João Batista foi *o maior* de todos os que estavam sob a velha aliança. No entanto, na nova era os menores, em virtude de seu relacionamento com o Espírito Santo, nasceram para sobrepujá-lo.

Os membros de nossa igreja e os alunos da Escola Bethel do Ministério Sobrenatural, com frequência, abraçam esse privilégio.

Jason, um desses alunos, certa vez estava comprando uma refeição em um restaurante *fast-food*. Não satisfeito em compartilhar Cristo com os que estavam atrás do balcão, começou a falar com três homens que em um carro também faziam seu pedido. Depois de receber a refeição, Jason saiu, mas notou que os homens estacionaram para comer. Ele retomou a conversa com eles e convidou o Espírito Santo para vir... e ele veio. O homem começou a praguejar. Ele não tinha condições para compreender o *fogo* santo em sua perna. Todos pularam para fora do carro, e

---
[1] Mateus 11.11.

o que fora ferido tirou seu aparelho ortopédico e bateu o pé no chão. Ele estava completamente curado! Os três ficaram tão emocionados com a bondade de Deus que abriram o porta-malas, cheio de drogas ilegais. Jogaram todos os narcóticos no chão, pisotearam-nos e os destruíram! Jason trouxe os três homens para a Alabaster House, nossa casa de oração 24 horas, e levou-os a Cristo. A gentileza de Deus conduziu-os ao arrependimento. Essa é a vida cristã normal.

O Espírito Santo é o agente do céu que torna possível esses encontros. Não só isso, ele os considera a norma para quem o segue.

O novo padrão

Jesus estabelece um padrão com esta afirmação: *João Batista foi o maior de todos os profetas do Antigo Testamento.* Ele não fez nenhum milagre do qual tenhamos conhecimento. Seu ministério era gloriosamente necessário, mas não um que, normalmente, compararíamos com alguns dos mais espetaculares profetas, como Elias ou Daniel. Todavia, aquele que conhece tudo diz que ele é o maior. Há uma verdade contida nessa passagem que nos ajuda a ver nosso potencial da perspectiva do céu. Essa verdade é tão maravilhosa que todo o inferno tem como prioridade impedir-nos de chegar a essa simplicidade.

Com isso em mente, uma pequena notícia surpreendente vem a seguir: *o menor no Reino dos céus é maior do que ele*. Jesus não estava dizendo que as pessoas no céu eram maiores que João Batista. Não haveria nenhum propósito para tal afirmação. Ele estava falando sobre o reino dos vivos que logo estaria disponível para todo cristão. João Batista profetizou sobre a vinda de Cristo e chegou a ponto de confessar sua necessidade pessoal desse evento.

*Mas depois de mim vem alguém mais poderoso do que eu [...]
Ele os batizará com o Espírito Santo e com fogo.*[2]

Então Jesus veio da Galileia ao Jordão para ser batizado por João. João, porém, tentou impedi-lo, dizendo: "Eu preciso ser batizado por ti, e tu vens a mim?"[3]

João confessou sua necessidade pessoal de ser batizado por Jesus. Nenhum dos profetas do Antigo Testamento, nem mesmo João Batista, tinha o que seria oferecido ao *menor dos santos*: o batismo com o Espírito Santo, que se tornou o objetivo de Deus para a humanidade.

O batismo com o Espírito Santo torna disponível a nós um estilo de vida, ao qual nem mesmo João Batista teve acesso. Jesus afiou nosso apetite por esse estilo de vida por intermédio de seu exemplo, depois nos deu a promessa de que estaria disponível para nós.

Um objetivo derradeiro

Há diferença entre um objetivo imediato e derradeiro. O sucesso com o primeiro torna possível alcançar o segundo. No entanto, a falha no imediato nos impede de alcançar o objetivo derradeiro.

As pessoas que jogam boliche compreendem isso. Cada pista possui dez pinos, e há marcadores nela. Bons jogadores sabem que a bola gira quando é lançada. Eles miram um marcador como seu alvo inicial. Todavia, não pontuam se os acertar. Os pontos só são marcados quando o objetivo supremo é atingido: os pinos no fim da pista.

---

[2] Mateus 3.11.
[3] Mateus 3.13,14.

Da mesma maneira, a salvação não era o objetivo derradeiro da vinda de Cristo. Esse foi o alvo imediato... o marcador da pista. Sem a realização da redenção, não havia esperança para o objetivo derradeiro: encher com o Espírito Santo toda pessoa que nasceu de novo. O desejo de Deus é que os cristãos transbordem com o Espírito Santo para que sejam "cheios de toda a plenitude de Deus".[4] Ficar cheio do Espírito era uma experiência totalmente diferente de todas as outras experimentadas antes. Por essa razão, o maior de todos os profetas do Antigo Testamento pôde confessar: "Eu preciso ser batizado por ti" (Mateus 3.14), o que significa: "Preciso do batismo... aquele cujo anúncio me foi designado!".

O batismo no Espírito Santo disponibiliza para nós um estilo de vida ao qual nem mesmo João Batista teve acesso. Considere o seguinte: poderíamos viajar para fora deste planeta, em qualquer direção, à velocidade da luz, 300 milhões de metros por segundo, por bilhões de anos, e jamais exaurir tudo o que já sabemos que existe. Tudo isso repousa na palma da mão do Senhor. E *este* é o Deus que quer encher-nos com seu Espírito. Isso deve fazer diferença em nossa vida!

Um retrato do Antigo Testamento

Israel deixou o Egito quando o sangue de um cordeiro foi derramado e aplicado sobre o umbral da porta das casas do povo de Deus. Da mesma forma, fomos libertados do pecado quando o sangue de Jesus foi aplicado a nossa vida. Os israelitas logo chegaram ao mar Vermelho. A travessia através dessa massa de água é conhecida como *o batismo de Moisés*.[5] De forma similar,

---

[4] Efésios 3.19.
[5] Veja 1Coríntios 10.2.

enfrentamos a água do batismo após nossa conversão. Quando os judeus por fim alcançaram a terra prometida, eles entraram por um rio — outro batismo.

Esse batismo não representou a eliminação do pecado. Isso foi ilustrado quando eles saíram do Egito. O novo batismo os levaria a um novo estilo de vida. Por exemplo, eles travaram batalhas no lado desértico do rio e venceram, mas assim que cruzaram o Jordão as batalhas seriam travadas de formas distintas. Agora por alguns dias, eles marchariam em volta de uma cidade em silêncio e, por fim, levantariam um brado e observariam os muros cair.[6] Mais tarde, experimentariam o desafio de enviar primeiro um coral para a batalha.[7] E, depois, Deus, de forma intencional, enviaria 300 mil soldados de volta para casa para que pudesse lutar com 300 homens segurando tochas e tocando trombetas.

Ele tornou possível a terra prometida, nós pagamos o preço para viver ali. Ele nos dará o batismo de fogo se lhe dermos algo que vale ser queimado.

Esse batismo no Espírito Santo é o cumprimento da descrição da entrada na terra prometida, no Antigo Testamento. Suponha que os filhos de Israel escolhessem cruzar o Jordão, mas ficassem satisfeitos de viver às margens do rio. Eles teriam perdido o propósito primeiro de atravessar. Havia nações para destruir e cidades das quais deveriam tomar posse. O contentamento aquém do propósito do Senhor representaria aprender a conviver com o inimigo. É isso o que acontece com um cristão batizado com o Espírito Santo, mas que não vai além do falar em línguas. Quando nos satisfazemos sem levar em consideração o propósito derradeiro do domínio, aprendemos a tolerar o demônio em alguma área de nossa vida. Por mais glorioso que seja o dom de

---

[6] Veja Josué 6.
[7] 2Crônicas 20.21.

falar em línguas, é apenas a entrada para uma vida de poder. Esse poder foi dado a nós para que pudéssemos expulsar as fortalezas do inferno e tomar posse para a glória de Deus.

O Reino vem com poder

> Garanto-lhes que alguns dos que aqui estão de modo nenhum experimentarão a morte, antes de verem o Reino de Deus vindo com poder.[8]

Toda vez que essa passagem é mencionada nos Evangelhos, o evento no monte da transfiguração é apresentado a seguir. Isso se dá porque alguns acreditam que o que ocorreu naquele monte foi a vinda desse Reino mencionada em Marcos 9.1. Entretanto, se esse fosse o caso, por que Jesus teria de enfatizar que alguns ali não morreriam até que vissem o Reino vir com poder? Jesus estava falando de um evento muito maior. Ele falou da vinda da *promessa do Pai...* o evento que nos revestiria de poder vindo do alto — o batismo com o Espírito Santo.

De alguma forma, sempre pensei que o batismo com o Espírito Santo ocorresse apenas uma vez; nele eu receberia minha linguagem de oração, e isso era tudo. A Bíblia ensina algo distinto. Em Atos dos Apóstolos 2, descobrimos que 120 pessoas foram batizadas com o Espírito Santo em uma ampla sala no andar superior. Todavia, em Atos dos Apóstolos 4, descobrimos que parte dessa mesma multidão é *cheia novamente do Espírito Santo.* Alguns expressaram esse fato desta forma: um batismo, muitas plenitudes do Espírito Santo. Por quê? Porque transbordamos.

Na última década, o fogo do reavivamento foi conduzido por Rodney Howard-Browne e encontrou um lar em Toronto

---

[8] Marcos 9.1.

e Pensacola. As pessoas de todo o mundo viajavam para esses distintos *oásis* por causa de sua fome instintiva por mais. Em alguns lugares, elas ficavam em fila, esperando pela oração. Em outros, amontoavam-se na frente do santuário à espera de que alguém pudesse ser usado por Deus impondo as mãos sobres elas e abençoando-as. Os críticos chamaram essa atividade de "clube do abençoe-me". Por causa de minha paixão pela bênção de Deus, as pessoas que voltam vez após vez só para receber outra bênção não representam um problema para mim. O problema não é receber mais da bênção do Senhor. É recusar dar aos outros aquilo que nós mesmos recebemos.

O tempo gasto para receber oração transformou-se em uma ferramenta que Deus usa para encher, com mais de si mesmo, seu povo. Tornou-se um método para esse maravilhoso tempo de revelação e concessão do Espírito Santo.

O Reino, o domínio do Espírito

> Mas se é pelo Espírito de Deus que eu expulso demônios, então chegou a vocês o Reino de Deus[9]

Examine esta frase: "pelo Espírito de Deus [...] o Reino de Deus". O Espírito Santo engloba o reino. Embora sejam distintos, são inseparáveis. O Espírito Santo faz cumprir o senhorio de Jesus, marcando seu território com liberdade.[10] O *domínio do Rei* fica evidente por intermédio de seu trabalho.

A segunda parte desse versículo revela a natureza do ministério. O ministério ungido resulta na colisão de dois mundos: o mundo das trevas com o mundo da luz. Essa passagem mostra

---

[9] Mateus 12.28.
[10] 2Coríntios 3.17.

a natureza da libertação. Quando o Reino de Deus vem sobre alguém, os poderes das trevas são forçados a sair.

Quando a luz é acesa, a escuridão não lhe resiste. Não há discussão entre elas. Nunca observamos a situação em que, após acender a luz, continuemos na escuridão até que, por fim, a luz vença. Ao contrário, a luz é tão superior à escuridão que seu triunfo é imediato.

O Espírito Santo não tem feridas de batalha. Não há marcas de mordida proferidas pelo reino demoníaco em sua luta desesperada por proeminência. Jesus é Senhor, e ponto-final. Aqueles que aprendem a trabalhar com o Espírito Santo realmente levam a realidade de seu mundo, seu domínio, a colidir com os poderes das trevas que influenciam a pessoa ou a situação. Quanto maior a manifestação de sua presença, mais rápida a vitória.

O valor de sua presença

Sem dúvida, o maior dom que já recebemos é o próprio Espírito Santo. Aqueles que descobrem o valor de sua presença entram no reino da intimidade com Deus, algo que, antes, era considerado impossível. Um ministério de poder surge com esse relacionamento vital, algo que anteriormente não passava de um sonho. O incompreensível torna-se possível porque o Espírito Santo está conosco.

Estarei com vocês foi uma promessa feita por Deus a todos os seus servos. Moisés a ouviu quando enfrentou o desafio de libertar Israel do Egito.[11] Josué a recebeu quando liderou a entrada de Israel na terra prometida.[12] Quando Gideão recebeu o chamado de Deus para libertar Israel, o Senhor selou esse chamado com

---

[11] Êxodo 3.12.
[12] Josué 1.9.

a mesma promessa.[13] No Novo Testamento, ela veio a todos os cristãos por intermédio da Grande Comissão.[14] Essa promessa vem quando Deus exige algo de nós que é humanamente impossível. Digo aos nossos companheiros: "Ele está em mim para o meu próprio bem, mas ele está sobre mim para o bem de vocês". A presença do Espírito Santo torna qualquer coisa possível!

Deus não precisa tentar fazer coisas sobrenaturais. Ele é sobrenatural. Precisaria tentar para não sê-lo. Se ele for convidado a participar de uma situação, não devemos esperar nada, exceto a invasão sobrenatural.

Sua presença em nossa sombra

Parte do privilégio do ministério é aprender a liberar o Espírito Santo em um local. Quando eu pastoreava em Weaverville, Califórnia, os escritórios de nossa igreja ficavam no centro da cidade, bem em frente a um bar e vizinho de outro. Essa região do centro da cidade era uma área comercial para todo o município — um lugar perfeito para um escritório de igreja!

Não é bom quando os cristãos procuram fazer negócios apenas com outros cristãos. Somos sal e luz. Brilhamos melhor em lugares escuros! Amo os negócios e as pessoas de negócios e tenho também um interesse genuíno pelo sucesso delas. Antes de entrar em qualquer loja, muitas vezes oro para que o Espírito Santo seja liberado por meu intermédio. Se preciso de algo que está em um lado, entro do lado oposto a fim de caminhar através de todo o estabelecimento. Muitas oportunidades para o ministério apareceram à medida que aprendi a liberar a presença do Espírito Santo em mercados e lojas.

---

[13] Juízes 6.16.
[14] Mateus 28.19.

Doentes eram postos na estrada na esperança de que a sombra de Pedro caísse sobre eles e, desse modo, fossem curados.[15] No entanto, não era a sombra de Pedro que os curava. Não há substância na sombra. Pedro era *eclipsado* pelo Espírito Santo, e era essa presença que fazia os milagres. A unção é uma expressão da pessoa do Espírito Santo. Ele é tangível. No ministério de Jesus, houve momentos em que todos que tocavam as vestes de Cristo eram curados ou libertados.[16] A unção é substância. É a presença real do Espírito Santo e pode ser liberada em nossos arredores.

Ressurreição na África

O pastor Surprise é um líder apostólico que trabalha com Rolland e Heidi Baker dos Iris Ministries [Ministérios Íris], em Moçambique. Durante a cruzada evangelística em que ele fazia a pregação, uma menina de 9 anos morreu, ameaçando acabar com uma série de reuniões e cultos já agendados. Todo o vilarejo ficou consternado de tristeza. No dia seguinte, o pastor Surprise foi visitar a família, e o corpo da menina ainda estava naquela casa simples e rústica, onde morrera na noite anterior. Enquanto orava pela família, por acaso segurava a mão da menina. Ele não estava orando para que a menina ressuscitasse dos mortos, mas, alguns minutos depois, ela apertou sua mão. Ela foi ressuscitada cerca de doze horas depois de sua morte, porque alguém estava cheio do Espírito Santo. O poder de ressuscitar de Jesus que o enchia transbordou enquanto ele tentava confortar a família!

Uma garrafa não está completamente cheia até que transborde. O mesmo acontece com o Espírito Santo. O estar cheio do Espírito é medido no transbordar. Quando ficamos introspectivos,

---

[15] Atos dos Apóstolos 5.15.
[16] Marcos 6.56.

restringimos seu fluxo. Ficamos como o mar Morto; a água flui para ele, mas não flui dele para outro lugar; e nada vive em águas paradas. O Espírito Santo é liberado por intermédio da fé e da compaixão, e fé e compaixão nunca são egocêntricas.

Seguindo seu líder até ultrapassar os limites do mapa

A História fornece-nos uma lição ensinada por um grande líder militar. Alexandre, o Grande, liderou seus exércitos vitória após vitória, e seu desejo por conquistas ainda maiores o levou, por fim, aos pés da cadeia de montanhas do Himalaia. Ele queria ir além das fronteiras dessa cadeia intimidante. Todavia, ninguém sabia o que existia do outro lado. Os oficiais seniores ficaram perturbados com essa nova visão. Por quê? Porque haviam chegado aos limites de seu mapa — não tinham o mapa do novo território que Alexandre queria conquistar. Esses oficiais precisavam tomar uma decisão: estariam dispostos a acompanhar o líder para além dos limites de seu mapa, ou ficariam satisfeitos em viver nos limites impostos por esse mapa? Escolheram seguir Alexandre.

Seguir a liderança do Espírito Santo pode levar-nos ao mesmo dilema. Embora ele nunca contradiga sua própria palavra, sempre se sente confortável em contradizer nosso entendimento dela. Aqueles que se sentem seguros por causa de sua compreensão intelectual das Escrituras desfrutam um falso senso de segurança. Nenhum de nós as compreende plenamente, mas todos nós temos o Espírito Santo. Ele é o denominador comum que nos leva à verdade. No entanto, para segui-lo, temos de estar dispostos a ir além dos limites de nosso mapa — ir além daquilo que conhecemos. Para fazer isso de forma bem-sucedida, precisamos reconhecer a presença do Espírito Santo acima de tudo.

Há grande diferença entre a forma pela qual Jesus fez seu ministério e a forma pela qual ele é feito hoje. Jesus era totalmente dependente daquilo que o Pai fazia e dizia e ilustrou esse estilo de vida depois de seu batismo com o Espírito Santo. Ele seguiu a liderança do Espírito Santo, mesmo quando isso parecia ser absurdo.

A Igreja, com muita frequência, vive de acordo com uma abordagem intelectual das Escrituras, sem a influência do Espírito Santo. Há programas e instituições que, de forma alguma, exigem que o Espírito de Deus sobreviva. De fato, muito do que chamamos de ministério não tem salvaguarda para garantir que o Espírito está presente ali. Quando o foco não é a presença de Deus, acabamos fazendo o melhor que podemos. As intenções podem ser nobres, mas sem poder quanto a seu efeito.

Quando Jason começou a compartilhar o evangelho através da janela do restaurante *fast-food*, suas ações ultrapassaram os limites de seu mapa. E deram fruto para o Rei.

Compaixão e liberação de sua presença

Jesus, muitas vezes, curava depois de ser movido pela compaixão. Detecto muitas vezes a liderança do Espírito Santo ao reconhecer sua afeição por alguém. Ser atraído para a pessoa por intermédio da compaixão, em geral, quer dizer que há algum domínio do ministério sobrenatural para ela — ou por meio de uma palavra de encorajamento ou por meio de um milagre de cura ou libertação. Amar as pessoas é a agenda de Cristo, e submeter minha agenda a ele me torna disponível para suas prioridades.

O Espírito Santo é o agente do céu que invade a terra. No capítulo seguinte, veremos como sua presença aterroriza todos os poderes do inferno.

7
A unção e o espírito do anticristo

Cristo não é o último nome de Jesus. A palavra Cristo significa "o ungido" ou "Messias". É um título que aponta para uma experiência. Não bastou Jesus ser enviado do céu para a terra com um título. Ele tinha de receber a unção em uma experiência para fazer o que o Pai desejava.

A palavra *unção* significa "espalhar". O Espírito Santo é o óleo de Deus que foi espalhado em todo o corpo de Jesus em seu batismo.[1] O nome Jesus Cristo implica que Jesus é aquele em quem o Espírito Santo foi espalhado.

No entanto, existe outro espírito que trabalha para atacar de emboscada a igreja em todas as épocas. Esse poder foi identificado pelo apóstolo João quando ele disse: "Já agora muitos anticristos têm surgido".[2] A natureza do espírito do anticristo encontra-se em seu nome: *anti*, "contra"; *cristo*, "o ungido".

Jesus viveu sua vida terrena com limitações humanas. Ele pôs sua divindade de lado[3] à medida que buscou cumprir a tarefa que lhe foi dada pelo Pai: viver como homem sem pecar e, depois,

---
[1] Lucas 3.21,22.
[2] 1João 2.18.
[3] Filipenses 2.5-7.

morrer no lugar da humanidade por causa do pecado. Isso seria essencial no plano do Senhor de redenção da humanidade. O sacrifício que poderia espiar o pecado tinha de ser um cordeiro (indefeso) e sem defeitos (sem pecados).

A unção que Jesus recebeu era o equipamento necessário, dado pelo Pai, para que fosse possível viver além das limitações humanas. Pois ele não tinha apenas de redimir o homem, mas também revelar o Pai. Ao fazer isso, precisou desvelar o Reino chamado céu. Isso incluiria fazer coisas sobrenaturais. A unção foi o que ligou Jesus, o homem, ao divino, capacitando-o a destruir as obras malignas. Essas formas miraculosas ajudaram a impulsionar algo que a humanidade pudesse herdar assim que fosse redimida. O céu — esse reino sobrenatural — deveria tornar-se o pão diário da humanidade.

A existência desse reino no "tempo presente" foi explicada nesta afirmação de Jesus: "O Reino dos céus está próximo" (Mateus 4.17). Isso quer dizer que o céu não é só o destino eterno, mas também uma realidade presente que está ao alcance de nossas mãos.

A unção qualificadora

Jesus, para cumprir sua missão, precisava do Espírito Santo. Essa missão, com todos os seus objetivos, era completar a obra do Pai.[4] Se o Filho de Deus confiava nessa unção, seu comportamento deveria esclarecer nossa necessidade da presença do Espírito Santo sobre nós para fazer o que o Pai lhe designara. Discutiremos mais sobre esse assunto em um capítulo posterior. Por ora, é vital compreender que temos de ser revestidos do Espírito Santo para o ministério sobrenatural. No Antigo Testamento, era a unção que qualificava um sacerdote para o ministério.[5] De acordo

---

[4] João 4.34.
[5] Êxodo 40.15.

com o exemplo de Jesus, o ministério do Novo Testamento é o mesmo — a unção leva a resultados sobrenaturais.

Ela capacitou Jesus para *fazer somente o que ele viu seu Pai fazer* e para *dizer apenas o que ele ouviu seu Pai dizer*. Foi o Espírito Santo que revelou o Pai para Jesus.

Poderíamos dizer que, com toda a relevância ligada ao nome "Jesus", qualquer pessoa que desejasse minar sua obra de redenção deveria ser chamada de "antijesus", e não "anticristo". Até mesmo seitas religiosas reconhecem e valorizam Jesus, o homem. Na melhor das hipóteses, elas consideram-no mestre ou profeta e, possivelmente, "um" filho de Deus. Esse equívoco lastimável fornece-nos um indício para compreendermos por que *anticristo* foi o nome dado ao espírito de oposição. Os espíritos do inferno estão em guerra contra a unção, pois sem a unção a humanidade não representa uma ameaça para seu domínio.

A preocupação de Jesus com a humanidade foi aplaudida; sua humildade, reverenciada, mas foi a unção que liberou o sobrenatural. E foi a invasão sobrenatural de Deus que foi rejeitada pelos líderes religiosos. Essa unção é, de fato, a pessoa do Espírito Santo vindo sobre alguém a fim de prepará-lo para o trabalho sobrenatural. O Espírito Santo é tão reverenciado na Trindade que Jesus declarou: "Todo aquele que disser uma palavra contra o Filho do homem será perdoado, mas quem falar contra o Espírito Santo não será perdoado, nem nesta era nem na que há de vir".[6]

Ministério ao qual foi outorgado poder

Foi o ministério ao qual o Espírito Santo outorgou poder que levou as pessoas a largar tudo para seguir Jesus. Elas foram atraídas pelo sobrenatural na palavra e na ação. As palavras de Jesus tocavam

---

[6] Mateus 12.32.

profundamente o coração da humanidade, ao passo que suas ações revelavam o coração do Pai. A unção do Espírito Santo mudou para sempre a vida do humilde. No entanto, foi também o ministério ao qual o Espírito Santo outorgou poder que causou grande ofensa ao orgulhoso, culminando na crucificação. O mesmo sol que derrete o gelo endurece a argila. De modo similar, uma obra de Deus pode levar a duas respostas completamente distintas, dependendo do coração das pessoas.

Deus é nosso Pai, e herdamos seu código genético. Todo cristão tem marcado em seu DNA espiritual o desejo pelo sobrenatural. É nosso senso predeterminado de destino. Essa paixão nascida de Deus se dissipa quando ensinada e racionalizada, quando não exercitada ou quando sufocada pelo desapontamento.[7]

O espírito do anticristo trabalha hoje em dia tentando influenciar os cristãos a rejeitar tudo o que tem que ver com a unção do Espírito Santo. Essa rejeição assume várias formas religiosas, mas basicamente se resume a isto: rejeitamos o que não conseguimos controlar. O espírito trabalha para reduzir o evangelho a uma mensagem meramente intelectual, em vez de a um encontro sobrenatural com Deus. Ele tolera a menção de poder se for feita no passado. Ocasionalmente, considera que esse poder é apropriado para as pessoas em lugares remotos. No entanto, nunca espera que a unção do poder de Deus esteja disponível aqui e agora. O espírito de controle trabalha contra um dos elementos favoritos de Deus no homem: a fé. A confiança é deslocada à medida que se torna ancorada na habilidade do homem de raciocinar.

É o espírito do anticristo que deu origem aos espíritos religiosos. Um espírito religioso é uma presença demoníaca que trabalha para nos levar a um ser substituto liderado por nosso intelecto,

---

[7] Provérbios 13.12: "A esperança que se retarda deixa o coração doente".

em vez de pelo Espírito de Deus. Ser liderado pelo Espírito Santo é ter um encontro contínuo com Deus. A religião idolatra conceitos e evita a experiência pessoal. Ela funciona para nos levar à adoração sem as obras, à custa de qualquer atividade real de Deus em nossa vida. Esse espírito, com frequência, alimenta--se dos resíduos dos avivamentos passados. Sua tática favorita é jogar pedras em uma ideologia aprendida em movimentos anteriores do Espírito Santo. Por exemplo, ele valoriza o choro, mas despreza o riso. Isso soa como idolatria, não é mesmo? Qualquer coisa que assuma o lugar da dependência do Espírito Santo e de sua obra de outorgar poder a nós pode retroceder a esse espírito de oposição.

O Reino que está além da razão

O que acontece após a unção (do Espírito Santo) é muito similar ao que ocorreu a Israel, no deserto, quando seguia a nuvem da presença do Senhor. Os israelitas não estavam no controle. O Senhor liderava, e eles o seguiam. Onde quer que ele fosse, atividades sobrenaturais aconteciam. Se eles abandonassem a nuvem, os milagres que os sustentavam desapareciam. Você consegue imaginar o que teria acontecido se nossos teólogos orientados pelo medo estivessem ali? Eles teriam criado doutrinas para explicar a razão de o ministério sobrenatural que os tirou do Egito não ser mais necessário para levá-los à terra prometida. Afinal, agora tinham as tábuas da lei. Portanto, naquela época e hoje, a questão real é a prioridade que damos à presença do Senhor. Quando está intacta, o sobrenatural sobeja, mas sem ela temos de inventar doutrinas para saber por que estamos bem como estamos.

Em termos do Novo Testamento, ser um povo focado na presença do Senhor significa que estamos dispostos a viver além da razão. Não de forma impulsiva ou tola, que é uma pobre imitação da fé real. O domínio além da razão é o mundo de obediência a Deus. Obediência que é a expressão de fé, e a fé é nosso bilhete de reivindicação do Reino de Deus. Estranhamente, esse foco de sua presença leva-nos a ser como o vento, que é também a natureza do Espírito Santo.[8] Sua natureza é poderosa e reta, mas seus caminhos não podem ser controlados. Ele é imprevisível.

Como líderes da igreja, isso nos atinge em nosso ponto mais fraco. Para a maioria das igrejas, pouco do que fazemos depende do Espírito Santo. Se ele não aparecesse em nossos cultos, a maioria jamais sentiria sua falta. Afirma-se que foi Billy Graham quem disse o seguinte: "Na igreja de hoje em dia, 95% das atividades continuariam a ser realizadas se o Espírito Santo fosse removido de nosso meio. Na igreja primitiva, 95% de todas as atividades seriam interrompidas se o Espírito Santo fosse removido". Concordo com a afirmação. Planejamos o culto e chamamos isso de diligência. Planejamos o ano e chamamos isso de visão. Jamais esquecerei o domingo em que o Senhor me informou de que aquele não era meu culto e de que eu não poderia fazer as coisas da forma que desejasse. (O planejamento é bíblico. Mas nossa diligência e visão nunca podem usurpar a autoridade do Espírito Santo. O senhorio de Jesus é visto em nossa disposição de seguir a liderança do Espírito Santo. Ele quer sua Igreja de volta!) Todavia, como podemos segui-lo se não reconhecemos sua presença?

Quanto mais pronunciada a presença do Senhor, mais singulares se tornam as manifestações de nosso Deus. Embora as manifestações que experimentamos enquanto estamos em sua presença sejam importantes, ansiamos, na verdade, só por Deus.

---

[8] João 3.8.

Ele sabia que nos faria sentir desconfortáveis

É difícil para a maioria de nós seguir a liderança do Espírito Santo porque nossa experiência com ele é bastante limitada. A maioria de nós o conhece apenas como aquele que nos condena por nossos pecados ou nos conforta quando estamos atribulados. O ponto principal é que não estamos acostumados a reconhecer a presença real do Espírito Santo. Estamos familiarizados com uma pequena lista de manifestações aceitáveis que, algumas vezes, acontecem quando ele se mostra — por meio das lágrimas ou, talvez, por meio de uma sensação de paz quando nossa canção favorita é tocada. No entanto, poucos reconhecem apenas o Espírito. Para tornar as coisas ainda piores, muitos, sem querer, rejeitam-no ou porque ele se revela de uma forma com a qual não estão acostumados ou porque ele não aparece da mesma maneira que apareceu no passado. (Considere a arrogância da rejeição automática de tudo o que não compreendemos ou de tudo o que nunca reconhecemos nas Escrituras. Tal arrogância significa que, se o Senhor não nos mostrou o fato antes, não poderia fazê-lo para outra pessoa.)

Embora poucos admitam, a atitude da Igreja em épocas recentes tem sido a seguinte: "Se me sinto desconfortável com algo, não pode ser de Deus". Essa atitude deu origem a muitas autoridades protetoras, que, por causa de seus próprios temores, acabam por envenenar a Igreja. Nossa fome de Deus, portanto, abre caminho para o medo da decepção. Em que confio mais: em minha habilidade de ser enganado ou na habilidade do Senhor de me sustentar? E por que ele nos deu um Conselheiro? Ele sabia que, de início, seus caminhos nos deixariam desconfortáveis.

Como você descreve o "equilíbrio"?

O medo da decepção abre a porta para um movimento trágico em meio aos cristãos. Ele afirma que nós, por termos a Bíblia, somos emocionalmente desequilibrados e corremos o risco de nos decepcionar se buscarmos uma experiência real com Deus em que possamos "sentir" algo. Esses temores levam os cristãos a ficar polarizados — o medo separa-nos e aliena-nos. Este é o quadro que muitos retratam: de um lado, pessoas que aparentam ser equilibradas e que valorizam a Bíblia como a Palavra de Deus; de outro, pessoas emocionalmente desequilibradas que buscam experiências espirituais esotéricas com Deus. Esse é um retrato bíblico preciso? Jesus fez uma afirmação desoladora com relação àqueles que sustentam o estudo bíblico em oposição à experiência: "Vocês estudam cuidadosamente as Escrituras, porque pensam que nelas vocês têm a vida eterna. E são as Escrituras que testemunham a meu respeito".[9]

Se nosso estudo da Bíblia não nos leva a um relacionamento mais profundo (um encontro) com Deus, então esse estudo só serve para acrescentar algo mais a nossa tendência de abraçar o orgulho espiritual. Aumentamos nosso conhecimento da Bíblia para nos sentirmos bem sobre nossa posição com Deus e para melhor nos preparar a fim de argumentar com aqueles que discordam de nós. Qualquer grupo que queira defender a doutrina está sujeito a cair nessa tentação, e sem nem mesmo ter um encontro com Deus. Considere as implicações potenciais deste pensamento: aqueles que, de início, parecem estar no controle podem, na verdade, estar fora de controle — do controle do Senhor! E muitos que são acusados de ser membros do "clube do abençoe-me", guiados pela emoção, podem realmente testemunhar que o toque de Deus transformou sua vida para sempre. Eles se tornam o retrato mais bíblico de equilíbrio.

Jesus não disse: "Minhas ovelhas conhecerão meu livro". É a *voz* dele que devemos conhecer. Por que a distinção? Porque

---

[9] João 5.39.

qualquer pessoa pode conhecer a Bíblia como um livro — o demônio mesmo a conhece e a cita. No entanto, apenas aqueles cuja vida depende da pessoa do Espírito Santo reconhecem de forma consistente a voz de Jesus. Isso não quer dizer que a Bíblia tem pouca ou nenhuma importância. O oposto é verdade. Ela é a Palavra de Deus, e a voz do Senhor *sempre* será confirmada pelas Escrituras. Essa voz impacta o que está escrito. Temos de estudar diligentemente as Escrituras, lembrando-nos de que é pelo conhecer a ele que as maiores verdades da Bíblia serão compreendidas.

Deus, neste derramamento atual, está lidando com necessidades específicas. Estamos sendo saturados de sua presença para que possamos conhecer sua voz. À medida que ele revela sua palavra para nós, tornamo-nos mais dependentes dele. As pessoas, mais uma vez, voltam seu foco para o maior dom já recebido — Deus. E seria mais preciso se nos referíssemos à unção como uma pessoa, não uma coisa.

Assim como o Espírito Santo recebe de volta as rédeas sobre seu povo, ele trabalha para restaurar um parâmetro mais bíblico para a vida cristã. A mudança amedrontadora é para melhor. Podemos e devemos conhecer o Deus da Bíblia por experiência própria. O apóstolo Paulo fala disso da seguinte maneira: "E conhecer o amor de Cristo que excede todo conhecimento, para que vocês sejam cheios de toda a plenitude de Deus".[10] Você *sabe* o que quer dizer *excede todo conhecimento?* É a promessa do Senhor. Considere o resultado: "[...] para que vocês sejam cheios de toda a plenitude de Deus". Que recompensa! Jesus afirma isso da seguinte maneira: "Aquele que me ama será amado por meu Pai, e eu também o amarei e me revelarei a ele".[11]

---

[10] Efésios 3.19.
[11] João 14.21.

O objetivo do espírito do anticristo

O espírito do anticristo tem um objetivo para a Igreja: abraçar Jesus à parte da unção. Sem a unção, Jesus transforma-se em uma figura religiosa segura que, com certeza, não nos desafia nem nos ofende. Paulo descreveu essa possibilidade enganadora como "tendo aparência de piedade, mas negando o seu poder. Afaste-se desses também".[12]

Como as pessoas que amam a Deus podem ofender-se com a unção do Espírito Santo?

1. Ele se move como o vento — à parte de nosso controle.[13]
2. Seus pensamentos são diferentes dos nossos. As Escrituras afirmam que nossa lógica e a dele não só são distintas, mas também estão em oposição.[14] Sejamos honestos... são mundos distintos e separados!
3. Ele recusa limitar-se a nossa compreensão da sua palavra.

Toda vez que seguimos a liderança do Espírito Santo, nos opomos frontalmente ao espírito do anticristo. Enquanto a tolice de alguns que afirmam ser liderados pelo Espírito tornou essa aventura mais difícil, nós, entretanto, recebemos a certeza de ser bem-sucedidos se esse realmente for nosso desejo apaixonado. Ele não dará uma pedra a ninguém que pedir um pão.

Unção para ensinar

Se o Espírito Santo é poder por trás do dom de ensino, a que deveria esse ensino se assemelhar? Que tipo de modelo Jesus forneceu para esse ministério particular? No capítulo seguinte, examinaremos o papel do mestre e de sua parceria com o Espírito Santo.

---

[12] 2Timóteo 3.5.
[13] João 3.8.
[14] Romanos 8.7 e Isaías 55.8,9.

8
Ensinando para um encontro

Qualquer revelação da Palavra de Deus que não nos leva a um encontro com Deus, serve só para nos tornar mais religiosos. A Igreja não pode prover "forma sem poder", pois isso cria cristãos sem propósito.

Jesus, o modelo de mestre, nunca separou o ensinamento do fazer. Ele é o padrão para esse dom. A palavra revelada de Deus, declarada por intermédio dos lábios de um mestre ungido, tem de levar a demonstrações de poder.

Nicodemos disse a Jesus: "Mestre, sabemos que ensinas da parte de Deus, pois ninguém pode realizar os sinais miraculosos que estás fazendo, se Deus não estiver com ele".[1] Compreendia-se que os mestres de Deus não apenas falavam, mas também faziam. E o *fazer* mencionado no evangelho de João está realizando sinais e maravilhas.

Jesus estabeleceu o exemplo supremo no ministério ao combinar a proclamação do evangelho com sinais e maravilhas. Mateus registra esse fenômeno da seguinte maneira: "Jesus foi por toda a Galileia, ensinando nas sinagogas deles, pregando as boas-novas do Reino e curando todas as enfermidades e doenças entre

---
[1] João 3.2.

o povo".² E novamente: "Jesus ia passando por todas as cidades e povoados, ensinando nas sinagogas, pregando as boas-novas do Reino e curando todas as enfermidades e doenças".³

A seguir, ele ordenou a seus discípulos que ministrassem com esse mesmo foco — os 12 foram enviados com as seguintes instruções: "Por onde forem, preguem esta mensagem: O Reino dos céus está próximo. Curem os enfermos, ressuscitem os mortos, purifiquem os leprosos, expulsem os demônios. Vocês receberam de graça; deem também de graça".⁴ Ele comissionou os 70 ao dizer: "Curem os doentes que ali houver e digam-lhes: 'O Reino de Deus está próximo de vocês' ".⁵

O evangelho de João registra como essa combinação de palavras e obras sobrenaturais acontecem: "As palavras que eu lhes digo não são apenas minhas. Ao contrário, o Pai, que vive em mim, está realizando a sua obra".⁶ Fica aparente que falamos a *palavra*, e o Pai *realiza a obra* — milagres!

Nós, como homens e mulheres de Deus que ensinam, precisamos exigir de nós mesmos *fazer, e com poder*! E esse *fazer* tem de incluir um irromper no impossível — por intermédio de sinais e maravilhas.

Os mestres de Bíblia têm de instruir a fim de explicar *o que acabaram de fazer* ou *estão prestes a fazer*. Aqueles que se restringem às meras palavras limitam seu dom e podem, sem nenhuma intenção, levar os cristãos ao orgulho, fazendo-os aumentar o conhecimento sem aumentar a consciência da presença e do poder de Deus. É nas trincheiras do ministério semelhante a Cristo

---

² Mateus 4.23.
³ Mateus 9.35.
⁴ Mateus 10.7,8.
⁵ Lucas 10.9.
⁶ João 14.10.

que aprendemos a nos tornar totalmente dependente de Deus. Mover no impossível por meio do confiar apenas em Deus representa a aniquilação do orgulho.

Experiência pessoal

Em 1987, em Anaheim, Califórnia, fui a uma das conferências de John Wimber sobre sinais e maravilhas. Sai de lá desanimado. O que fora ensinado, incluindo muitas das ilustrações, eu já ensinara. A razão para meu descontentamento foi o fato de que eles tinham o fruto daquilo em que acreditavam. Tudo o que eu tinha era uma boa doutrina.

Chega um momento quando apenas conhecer a verdade não nos satisfaz mais. Se ela não mudar as circunstâncias para sempre, que benefício há? Assim, iniciei um sério reexame de minhas prioridades. Ficou evidente que eu não mais poderia esperar coisas boas acontecerem só porque acreditava que elas poderiam... ou, até mesmo, deveriam acontecer. Havia um fator de risco que eu falhara em adotar — Wimber chamou-o *fé*. O ensino tem de ser acompanhado pela *ação* que abre espaço para Deus se mover.[7]

As coisas mudaram imediatamente. Orávamos pelas pessoas e víamos milagres. Era glorioso, mas não demorou muito para descobrirmos que muitos não eram curados. O desânimo se instalou, e a busca com riscos diminuiu.

Em uma de minhas primeiras viagens a Toronto, em março de 1995, prometi a Deus que, se ele me tocasse novamente, jamais recuaria de novo. Jamais voltaria a *mudar de assunto*. Minha promessa transformaria o derramamento do Espírito Santo, com todas as suas manifestações de dons, no único propósito de minha

---

[7] Abrir espaço para Deus não significa que ele não pode mover-se sem nossa aprovação. Quer simplesmente dizer que ele se deleita com nosso convite.

existência. E jamais me desviaria desse chamado — custasse o que custasse! O Senhor tocou-me, e tenho buscado isso sem trégua.

Resistir à influência de nossa cultura

Nossa cultura castrou o papel do mestre. É possível frequentar a faculdade, conseguir um diploma em administração sem receber nenhum ensinamento de alguém que já teve um negócio próprio. Valorizamos conceitos e ideias mais que a experiência com resultados. Gostaria que isso só dissesse respeito às escolas seculares — mas essa cultura modelou a maioria das escolas bíblicas, dos seminários e das denominações. Muitos movimentos da atualidade consideram uma virtude *permanecer no curso* sem uma experiência com Deus.

Para piorar as coisas, aqueles que falam de forma subjetiva de uma experiência são, muitas vezes, considerados suspeitos e, até mesmo, perigosos. No entanto, Deus não pode ser conhecido à parte da experiência. Randy Clark, o homem que Deus usou para iniciar o fogo do reavivamento em Toronto, em 1994, expõe isso da seguinte forma: "Qualquer pessoa que ainda não teve uma experiência com Deus não conhece Deus". O Senhor é uma pessoa, não uma filosofia ou um conceito. Para aqueles que encontraram Deus, é tempo de parar de fazer concessões por medo de tornar a história menos intensa. Temos de afiar o apetite das pessoas por Deus para que elas desejem mais do sobrenatural. O testemunho tem a habilidade de estimular esse tipo de fome.

O Reino realizado

À medida que nossas equipes de ministério viajam ao redor do mundo, passamos a esperar certas coisas. Cura, libertação e conversão são frutos de nosso cultivo. Embora raramente a cura seja o assunto que ensinamos, é um dos resultados mais comuns. À medida que proclamamos a mensagem do Reino de Deus, as pessoas melhoram e são curadas. O Pai parece dizer "Amém!" a sua própria mensagem ao confirmar a palavra com cura.[8] Pedro sabia disso quando orou por ousadia em sua pregação, esperando que Deus respondesse ao estender a "mão para curar e realizar sinais e maravilhas por meio do nome do teu santo servo Jesus".[9] Deus prometeu apoiar nossa mensagem com poder, se ela fosse a mensagem de seu Reino.

Poder versus orgulho

Os problemas que enfrentamos hoje não são novos. O apóstolo Paulo tinha muita preocupação com a igreja de Corinto, pois eles estavam sendo seduzidos por um evangelho sem poder.

> Não estou tentando envergonhá-los ao escrever estas coisas, mas procuro adverti-los, como a meus filhos amados. Embora possam ter dez mil tutores em Cristo, vocês não têm muitos pais, pois em Cristo Jesus eu mesmo os gerei por meio do evangelho. Portanto, suplico-lhes que sejam meus imitadores. Por essa razão estou lhes enviando Timóteo, meu filho amado e fiel no Senhor, o qual lhes trará à lembrança a minha maneira de viver em Cristo Jesus, de acordo com o que eu ensino por toda parte, em todas as igrejas.
>
> Alguns de vocês se tornaram arrogantes, como se eu não fosse mais visitá-los. Mas irei muito em breve, se o Senhor permitir; então saberei não apenas o que estão falando esses arrogantes, mas que poder eles têm. Pois o Reino de Deus não consiste de palavras, mas de poder. (1Coríntios 4.14-20)

---

[8] Veja Marcos 16.20.
[9] Atos dos Apóstolos 4.29,30.

Paulo inicia contrastando tutores com pais. Os tutores mencionados são diferentes daqueles que Jesus queria para a Igreja. Paulo admite que possam até ser cristãos, "tutores em Cristo"; mas, posteriormente, se refere a eles como "arrogantes".

Nesta época pós-denominacional, observamos um movimento sem precedentes de pessoas reunindo-se em torno de pais espirituais (sem especificar gênero). Em épocas passadas, reuníamo-nos em torno de certas verdades que levaram à formação das denominações. A força de tal reunião é o assentimento na doutrina e, em geral, na prática. O ponto fraco dessas reuniões é que não há espaço para variedade e mudança. Na virada para o século XX, as pessoas batizadas no Espírito Santo, que falavam em línguas, não eram mais bem-vindas em muitas igrejas, porque a maioria das denominações tinha declarações de fé gravadas em pedra.

No entanto, agora esse movimento gravitacional ao redor dos pais acontece, até mesmo, dentro dos limites das denominações. A reunião de cristãos permite diferenças nas doutrinas não essenciais sem causar divisão. Muitos consideram o movimento uma restauração da ordem apostólica de Deus.

A segunda preocupação de Paulo é quanto à arrogância de seus filhos espirituais. Ele salienta esse ponto ao contrastar a fidelidade com o orgulho, e define este como *tornar-se arrogante*. Paulo estava muito preocupado com o fato de eles poderem ser enganados com teorias de bons oradores. O carisma pessoal, com frequência, é valorizado pela igreja mais que a unção ou a verdade. As pessoas com caráter fraco, se tiverem personalidade marcante, muitas vezes ocupam posições de liderança na igreja. Paulo achava isso particularmente preocupante. Ele trabalhara com afinco para levar os coríntios à fé. Decidiu não os impressionar com seu conhecimento. De fato, ele os levou a um encontro com o Deus todo-poderoso que se tornaria a âncora da fé deles.[10] Mas agora os pregadores tinham entrado em cena. A resposta de Paulo foi enviar-lhes alguém como ele — Timóteo. Eles precisavam de um lembrete do que um pai espiritual representava. Isso poderia ajudá-los a calibrar de novo o sistema de valores que tinham ao imitar pessoas de substância, que também são pessoas de poder!

Paulo fez uma afirmação impressionante a fim de clarificar a escolha certa. Ele disse: "Pois o Reino de Deus não consiste de palavras, mas de poder".[11] O original grego afirma isso da seguinte maneira: "O Reino de Deus não consiste de *logos*, mas de *dunamis*". Aparentemente, eles tinham muitos instrutores que eram bons oradores, manipulando bem a palavra, mas com pouco poder. Não seguiam o padrão que Jesus estipulara. *Dunamis* é "o poder de Deus demonstrado e compartilhado em um derramamento do Espírito Santo". Esse é o Reino!

Paulo, dois capítulos antes, estabelece a prioridade de seu ministério *levando o povo de Corinto a fundamentar a fé no poder de Deus*[12] (dunamis). Aqui, ele aborda o modo pelo qual eles certamente falhariam se as coisas não mudassem naquela igreja. Toda vez que o povo de Deus começa a ficar preocupado com os conceitos e as ideologias, em vez de ter uma expressão de vida e poder semelhante a Cristo, eles certamente falham, independentemente de quão sensacionais forem essas ideias. O cristianismo não é filosofia, mas relacionamento. É o *encontro com Deus* que

---

[10] Veja 1Coríntios 2.1-5.
[11] 1Coríntios 4.20.
[12] Veja 1Coríntios 2.5.

torna os conceitos poderosos. Temos de exigir isso de nós mesmos.[13] Como? Temos de buscá-lo até encontrá-lo.[14]

Pais com poder versus tutores com apenas palavras

Pais	Tutores
Estilo de vida — imitar os pais	Estilo de vida — reunir-se em torno de ideias (desagregador)
Atitude — humildade	Atitude — orgulho (arrogância)
Ministério — poder	Ministério — muitas palavras
Foco — o Reino de Deus	Foco — os ensinamentos

Deus é maior que seu livro

> Vocês estão enganados porque não conhecem as Escrituras nem o poder de Deus![15]

Nessa passagem, Jesus repreende os fariseus por não conhecerem as Escrituras *nem* o poder de Deus. Sua repreensão aparece em um contexto de *casamento* e *ressurreição*, mas é direcionada à ignorância que contamina todas as áreas da vida.

Qual era a causa? Eles não permitiam que as Escrituras os levassem a Deus. Eles não compreendiam... realmente não

---

[13] Nesse ponto, seria fácil pensar que só trato do poder como o que muda a condição física do corpo ou de algum problema na natureza. Certamente, o poder inclui esses tipos de situação. Temos de lembrar que o amor de Deus é o maior poder do universo. Ele pode transformar a vida radicalmente, de uma forma que nada mais é capaz de fazê-lo. Não podemos usar esse fato como uma desculpa para evitar as necessidades óbvias das pessoas doentes e atormentadas ao nosso redor. Temos de ser movidos pelo amor de Deus a ponto de buscar sua face até que sejamos *revestidos do poder do alto!*

[14] Veja Lucas 11.10.

[15] Mateus 22.29.

entendiam. Nesse trecho, o verbo *conhecer* fala da "experiência pessoal". Eles tentaram aprender à parte dessa experiência. Entre os que estudavam a Palavra de Deus, eles eram os campeões. No entanto, o estudo não os levou a Deus, mas se tornou um fim em si mesmo.

O Espírito Santo é o *dunamis* do céu. Um encontro com Deus é muitas vezes um encontro de poder, que varia de pessoa para pessoa, de acordo com o desígnio de Deus. E é a falta do encontro com esse poder que induz a uma compreensão equivocada de Deus e de sua palavra. A experiência é necessária na estruturação do verdadeiro conhecimento, e muitos a receiam porque ela *pode* desviá-los das Escrituras. Os erros de algumas pessoas levaram muitas outras a temer a busca por uma experiência.[16] Contudo, não é legítimo permitir que o medo nos impeça de buscar uma experiência mais profunda com Deus! Abraçar esse medo conduz à falha de cair no extremo oposto, culturalmente mais aceitável, mas muito pior na eternidade.

Deus faz como lhe apraz. Sempre verdadeiro em relação a sua palavra, ele não deixa de agir fora dos limites de nossa compreensão. Por exemplo, ele é um Deus amoroso que rejeitou Esaú.[17] De forma respeitosa, foi chamado cavalheiro, mas derrubou Saulo de um burro[18] e levantou Ezequiel do chão pelo cabelo.[19] É a Estrela da Manhã[20] que vela a si mesmo na escuridão.[21] Odeia o

---

[16] O engano não é algo que começa com o acreditar em algo que não seja das Escrituras. Começa, sim, com um coração cheio de expectativas. Pois ninguém é enganado a não ser que tenha expectativas.
[17] Veja Malaquias 1.2,3.
[18] Veja Atos dos Apóstolos 9.4.
[19] Veja Ezequiel 8.3.
[20] Veja Apocalipse 22.16
[21] Veja Salmos 97.2.

divórcio,[22] mas ele mesmo se divorciou.[23] A lista de ideias aparentemente conflitantes poderia estender-se muito mais. No entanto, essa tensão nada confortável é planejada para nos manter, de maneira honesta e verdadeira, dependentes do Espírito Santo para que possamos entender quem Deus é e o que ele está dizendo para nós por intermédio de seu livro. Deus é tão estranho para nossa forma natural de pensar que vemos apenas o que ele nos mostra — e só conseguimos compreendê-lo por meio de nosso relacionamento com ele.

A Bíblia é a perfeita Palavra de Deus. Ela revela Deus; o óbvio, o inexplicável, o misterioso e, algumas vezes, o ofensivo. Tudo isso denuncia a grandeza de nosso Deus. Todavia, ele não se limita às fronteiras apresentadas pela Bíblia, pois é maior que seu livro.

O reavivamento mistura-se com dilemas nos quais Deus faz o que nunca o vimos fazer somente para confirmar quem ele disse ser em sua palavra. Enfrentamos o conflito interno de seguir aquele que não muda, mas que promete fazer coisas novas em nós. Isso se torna ainda mais confuso quando tentamos ajustar o novo no molde construído por nossas experiências passadas bem-sucedidas.

Nem todo mundo lida bem com esse desafio. Muitos escondem sua necessidade de estar no controle atrás do cartaz que diz: "Ancorados na Palavra de Deus". Ao rejeitar aqueles que diferem, eles, protegem, de forma bem-sucedida, a si mesmos do desconforto e da mudança pela qual oram.

Mapa de viagem ou guia turístico

A forma aceitável de estudar as Escrituras põe o poder da revelação nas mãos de qualquer pessoa que consiga comprar

---

[22] Veja Malaquias 2.16.
[23] Veja Jeremias 3.8.

uma excelente concordância bíblica e alguns outros materiais de estudo. Invista tempo e você conseguirá aprender coisas maravilhosas. Não quero desprezar o método de estudo regular e disciplinado nem essas maravilhosas ferramentas de estudo, pois foi Deus quem nos deu a fome por aprender. Na realidade, porém, a Bíblia é um livro fechado. Tudo o que eu conseguir retirar da palavra, sem ter Deus como mestre, não mudará minha vida. Ela é um livro fechado para garantir que eu continue dependente do Espírito Santo. É essa abordagem perigosa das Escrituras que deleitam o coração de Deus. "A glória de Deus é ocultar certas coisas; tentar descobri-las é a glória dos reis".[24] O Senhor ama alimentar os verdadeiramente famintos.

O estudo da Bíblia é muitas vezes promovido para que obtenhamos fórmulas para viver. Há, com certeza, princípios que podem ser expostos no modelo de A a Z. Todavia, essa abordagem geralmente torna a Bíblia um *mapa de viagem*. Quando trato a Palavra de Deus como um mapa de viagem, vivo como se conseguisse encontrar meu caminho por intermédio de minha própria compreensão do livro do Senhor. Acredito que essa perspectiva das Escrituras descreva como viver sob a lei, não sob a graça. Viver sob a lei representa a tendência para desejar uma lista das fronteiras preestabelecidas, e não um relacionamento. Embora tanto a lei quanto a graça tenham mandamentos, a graça vem acompanhada da habilidade intrínseca de obedecer ao que nos foi ordenado. Não obtenho um mapa de viagem quando vivo sob a graça, mas, sim, um guia turístico — o Espírito Santo. Ele direciona, revela e outorga-me poder para *ser* e *fazer* o que a Palavra diz.

---

[24] Provérbios 25.2.

Há muitos conceitos que a Igreja considera preciosos para manter a devoção às Escrituras. Contudo, alguns deles realmente trabalham contra o verdadeiro valor da Palavra de Deus. Por exemplo, muitos que rejeitam o movimento do Espírito Santo afirmam que a Igreja não precisa de sinais e maravilhas porque temos a Bíblia. Todavia, esse ensinamento contradiz exatamente a Palavra que tenta exaltar. Se a tarefa de estudar a Bíblia for dada a dez recém-convertidos a fim de que descubram o que Deus tem reservado em seu coração para esta geração, nenhum deles concluiria que os dons espirituais não são para hoje. Para ter esse tipo de conceito, você precisa ser ensinado! A doutrina que afirma que os *sinais e maravilhas não são mais necessários porque temos a Bíblia* foi criada pelas pessoas que não viram o poder de Deus e precisavam de uma explicação para justificar o que acontecia em suas igrejas sem poder.

A revelação não me leva a um encontro com Deus, apenas me torna mais religioso. A menos que as Escrituras me levem ao Senhor, apenas me torno mais bem preparado para debater com aqueles que discordam de minha forma de pensar.

"O conhecimento traz orgulho [...]".[25] Observe que Paulo não disse conhecimento *não bíblico* ou *carnal*. O conhecimento, incluindo o proveniente das Escrituras, tem o potencial de tornar-me orgulhoso. Portanto, como posso proteger-me do orgulho que acompanha o conhecimento, mesmo sendo o conhecimento da Bíblia? Tenho de ter certeza de que ele me leva a Jesus!

O orgulho que vem com o mero conhecimento bíblico é desagregador. Ele cria o apetite para a opinião pessoal. "Aquele que fala por si mesmo busca a sua própria glória, mas aquele que busca a glória de quem o enviou, este é verdadeiro; não há nada de

---

[25] 1Coríntios 8.1.

falso a seu respeito".[26] Aqueles treinados sem uma revelação que nos leve ao Senhor são treinados para falar de si mesmos, para sua própria glória. Esse impulso para o conhecimento sem um encontro com Deus guerreia contra a verdadeira justiça.

A justiça sofre, e a fé também. "Como vocês podem crer, se aceitam glória uns dos outros, mas não procuram a glória que vem do Deus único?"[27] O desejo do homem de ter glória, de alguma maneira, desloca a fé. O coração que teme só a Deus — aquele que busca primeiro seu reino e deseja que Deus receba toda honra e toda glória — é aquele no qual a fé brota.

A missão do céu é fazer com que suas realidades se infiltrem na terra. Todo ensinamento deve levar-nos a esse fim, pois o treinamento no reino tem um propósito. Somos treinados para administrar os negócios da família. Essa é a descoberta do capítulo seguinte.

---

[26] João 7.18.
[27] João 5.44.

9
As obras do Pai

Se eu não realizo as obras do meu Pai, não creiam em mim.[1]

Para isso o Filho de Deus se manifestou: para destruir as obras do Diabo.[2]

Os profetas, por centenas de anos, falaram da vinda do Messias. Eles forneceram mais de 300 detalhes específicos para descrevê-lo. Jesus cumpriu todos eles! Os anjos também deram testemunho de sua divindade quando vieram com a mensagem para os pastores: "Hoje, na cidade de Davi, lhes nasceu o Salvador, que é Cristo, o Senhor".[3] A natureza testificou da chegada do Messias com a estrela que guiou os magos.[4] Todavia, com esta afirmação: "Se eu não realizo as obras do meu Pai, não creiam em mim",[5] Jesus põe a credibilidade dos *mensageiros* em risco. O ministério de todos eles seria em vão sem um ingrediente que confirmasse quem ele realmente era. Esse ingrediente eram os *milagres*.

---

[1] João 10.37.
[2] 1João 3.8.
[3] Lucas 2.11.
[4] Veja Mateus 2.1.
[5] João 10.37.

Jesus deu às pessoas o direito de descrer de tudo se não houvesse demonstração de poder em seu ministério. Anseio pelo dia em que a Igreja faça a mesma afirmação para o mundo: "Se não realizarmos as obras de nosso Pai, vocês não devem crer em nós".

Jesus, ainda criança, já conhecia sua missão

Os versículos mencionados no início deste capítulo tratam de dois assuntos — *fazer as obras do Pai* e *destruir as obras do demônio*. Os dois fatos são inseparáveis. Eles ajudam a clarificar o propósito para a vinda de Cristo, que foi guiado por uma paixão avassaladora: agradar a seu Pai celestial.

O desvelar de suas prioridades começou muito antes do início de seu ministério, quando ele tinha apenas 12 anos. Maria e José perceberam que o filho não estava com eles alguns dias após deixarem Jerusalém. Então, retornaram para buscá-lo.

Podemos apenas imaginar o que passava pela mente deles durante os três dias de separação. Ele era a criança milagre... o prometido. Será que o haviam perdido por descuido? A tarefa de educá-lo já chegara ao fim? Será que haviam falhado nessa missão?

Por fim, encontraram-no no templo discutindo as Escrituras com adultos! Não resta a menor dúvida de que estavam felizes e aliviados. Contudo, para sermos realistas, também deveriam estar um pouco contrariados. Para tornar as coisas ainda piores, Jesus não parecia preocupado com a ansiedade deles. Na verdade, parecia surpreso pelo fato de os pais não imaginarem onde ele pudesse estar. Não ouvimos nenhum pedido de desculpas; não há nenhuma explicação, apenas a declaração de suas prioridades: "Por que vocês estavam me procurando? Não sabiam que eu devia estar na casa de meu Pai?".[6] Aqui, a revelação do propósito

---

[6] Lucas 2.49.

teve início. Jesus, ainda bem jovem, parecia não demonstrar preocupação com a probabilidade de ter causado uma ofensa em sua tentativa de obedecer a seu Pai celestial. Pense sobre isso, o medo do que as outras pessoas pudessem pensar sobre ele inexistia aos 12 anos. Ele se recusou a permitir que mal-entendidos e conflitos o impedissem de obedecer aos planos do Pai.

As primeiras e únicas palavras de Jesus em sua infância e juventude foram sobre seu propósito. Obedecer ao Pai era sua única aspiração. Aquelas palavras bastavam. Mais tarde, já adulto, ele confessou que a obediência continuava a ser sua prioridade. Na verdade, era isso que o *nutria* — "A minha comida é fazer a vontade daquele que me enviou e concluir a sua obra".[7]

Um negócio arriscado

Será que Jesus se esqueceu de contar a Maria e a José onde estaria? Ou ele fez o que fez percebendo que isso afetaria a vida de outras pessoas da forma como afetou? Acredito na última hipótese: ele estava arriscando ser mal-interpretado. Os negócios de seu Pai, muitas vezes, exigiam esse risco. Lembre-se de que Jesus ainda não adquirira a credibilidade que conquistou posteriormente em sua vida, pois ainda não havia realizado nenhum sermão emocionante, curas, a transformação da água em vinho, a ressurreição dos mortos ou a expulsão de demônios. Ele era apenas um garoto de 12 anos com prioridades distintas de todas as outras pessoas.

Dezoito anos mais tarde, no início de seu ministério, encontramos Jesus ensinando seus discípulos o que tentara ensinar a seus pais: a prioridade dos negócios do Pai. Afirmações como estas: "Eu lhes digo verdadeiramente que o Filho não pode fazer nada de si mesmo"[8]; "[...] não procuro agradar a mim mesmo,

---
[7] João 4.34.
[8] Veja João 5.19.

mas àquele que me enviou"⁹; e: "[...] sempre faço o que lhe agrada"¹⁰, testificam sua total dependência do Pai e sua única paixão: agradar-lhe.

Um costume judeu

Era costume que o pai judeu levasse o filho à praça da cidade quando ele atingia a idade adulta. Então, anunciaria a todos que eles eram iguais nos assuntos de seus negócios, querendo dizer que quando tratassem com o filho estariam tratando com o pai. Ao fazer isso, estaria declarando: "Este é meu filho muito amado, em quem me agrado".

Nas águas do batismo de Jesus, quando ele tinha 30 anos, o profeta João Batista proclamou: "[Este] é o Cordeiro de Deus, que tira o pecado do mundo!".¹¹ O Espírito Santo veio sobre Jesus, revestindo-o de poder e capacitando-o de realizar seu propósito. Em seguida, o Pai falou do céu: "Este é o meu Filho amado, em quem me agrado".¹²

Nesse momento, tanto o Pai quanto o Espírito Santo afirmaram que o propósito principal abraçado pelo Filho de Deus era revelar e realizar os negócios de seu Pai. Jesus declarou as especificidades desse papel em seu primeiro sermão:

> "O Espírito do Senhor está sobre mim, porque ele me ungiu para pregar boas-novas aos pobres. Ele me enviou para proclamar liberdade aos presos e recuperação da vista aos cegos, para libertar os oprimidos e proclamar o ano da graça do Senhor".¹³

---

[9] João 5.30.
[10] João 8.29.
[11] João 1.29.
[12] Mateus 3.17.
[13] Lucas 4.18,19.

Sua vida ilustrou essa declaração mostrando do que ela se tratava: levar salvação ao espírito, à alma e ao corpo do homem, destruindo, portanto, as obras do demônio[14] — expressão de um Reino que está sempre crescendo[15] e, continuamente, desvelando-se.

O elo que faltava

O segredo do ministério de Jesus é visto em sua afirmação: "Eu lhes digo verdadeiramente que o Filho não pode fazer nada de si mesmo; só pode fazer o que vê o Pai fazer, porque o que o Pai faz o Filho também faz"[16]; e: "Tenho muitas coisas para dizer e julgar a respeito de vocês. Pois aquele que me enviou merece confiança, e digo ao mundo aquilo que dele ouvi".[17] Sua obediência faz a dádiva do céu entrar em curso de colisão com a situação desesperada da humanidade na terra. Foi sua dependência do Pai que trouxe a realidade do Reino para este mundo. Esse fato lhe possibilitou falar: "O Reino dos céus está próximo!".

Jesus demonstrou o coração de Deus. Todas as suas ações eram expressões terrenas de seu Pai celestial. O livro de Hebreus afirma que o Filho é a exata representação da natureza do Pai.[18] Jesus disse: "Quem me vê, vê o Pai".[19] Sua vida é uma revelação do Pai e de seus negócios. E o cerne desses negócios é dar vida à humanidade[20] e destruir todas as obras do destruidor.[21]

---

[14] Veja 1João 3.8.
[15] Veja Isaías 9.7.
[16] João 5.19.
[17] João 8.26.
[18] Veja Hebreus 1.3.
[19] João 14.9.
[20] Veja João 10.10.
[21] Veja 1João 3.8.

Jesus continua a apontar o caminho para o Pai. Nosso trabalho agora, por intermédio do Espírito Santo, é descobrir e expor o coração do Pai: dando vida e destruindo as obras do demônio.

Sobre o Pai

A maioria dos fariseus passa a vida servindo a Deus sem jamais conhecer seu coração! Jesus ofendeu esses líderes religiosos principalmente porque demonstrou o que o Pai queria. Enquanto os fariseus pensavam que Deus se preocupava com o sábado, Jesus trabalhava para ajudar aqueles para quem o sábado fora criado. Esses líderes estavam acostumados aos milagres das Escrituras que ficaram no passado. No entanto, Jesus irrompeu em sua zona de conforto ao introduzir o sobrenatural nas cidades. Por meio de cada milagre, ele mostrou à comunidade religiosa os *negócios do Pai*. Tudo teria de ser revisto para que se adaptassem. Era mais fácil, no entanto, chamá-lo mentiroso, declarar que suas obras eram do demônio e, por fim, matar o homem que os alertava sobre o que deveria ser mudado.

Compreender que os negócios do Pai têm que ver com sinais e maravilhas não é garantia de que verdadeiramente cumpriremos o propósito de Deus para nossa vida. Isso diz respeito a muito mais que só fazer milagres ou, até mesmo, conseguir conversões. As intervenções sobrenaturais de Deus foram feitas para revelar às pessoas o coração extravagante do Pai. Todo milagre é uma revelação de sua natureza. E, nessa revelação, está embutido um convite para o relacionamento.

É muito fácil repetir o erro dos fariseus, que não compreendiam o coração do Pai. E há muitas atividades cristãs que não se relacionam com esse valor supremo. Neste momento, precisamos mais que apenas aprender a identificar dons pessoais ou descobrir formas de ser mais bem-sucedidos no ministério. Precisamos da presença do Senhor — e só dela. O evangelho é a história do Pai buscando o coração da humanidade por intermédio de seu amor. Todas as outras coisas que fazemos derivam dessa descoberta.

A alegria e o poder de todo ministério

Podemos viajar o mundo todo e pregar o evangelho, mas sem a revelação do coração do Pai passamos adiante as notícias em segunda mão — uma história sem um relacionamento. Ela pode salvar pessoas porque é a verdade, mas há muito mais que apenas isso. Jesus, aos 12 anos, ensinou-nos esta lição: temos de cuidar dos negócios de nosso Pai. E os negócios do Pai fluem de seu coração. Quando descobrimos isso, encontramos a alegria e o poder de todo ministério — encontramos sua presença.

A renovação que se iniciou em Toronto, em 1994, já se espalhou pelo mundo. Tem o coração do Pai e a presença do Espírito Santo como principais focos. Em certo sentido, esses dois são o mesmo, ou talvez devêssemos dizer que são *lados distintos da mesma moeda*. A presença do Senhor sempre revela seu coração.

Da mesma forma que Jesus revelou o coração do Pai a Israel, também a Igreja tem de *ser a manifestação* do coração do Pai ao mundo. Somos portadores de sua presença, fazedores de sua vontade. Dar o que recebemos libera o Senhor em situações anteriormente aprisionadas pelas garras das trevas. Essa é nossa responsabilidade e nosso privilégio.

Cada um de nós é um candidato

Em nossa comunidade, cada um de nós é o alvo do amor de Deus. Não há exceções. Os testemunhos de transformação radical provêm de todos os segmentos da sociedade e de todos os lugares: escolas, empresas, casas, *shopping centers* e lojas e, até mesmo, parques e locais onde os moradores de rua se aglomeram. Por quê? Porque há um crescente grupo de pessoas com os negócios do Pai em mente. Elas, de forma consciente, levam-no aonde quer que vão.

Quando pediram a Jason, um de nossos alunos, que comparecesse ao tribunal para servir como jurado, ele foi com os negócios do Pai em mente. À medida que saia do estacionamento para o prédio dos jurados, viu dois rapazes que pareciam atormentados. O Senhor começou a lhe contar sobre o mais velho dos dois. Enquanto Jason ministrava a ele, tratou de problemas específicos que o rapaz tivera com o pai. Ele percebeu que Jason não tinha como saber aquelas informações sem que Deus lhe tivesse mostrado.[22] O rapaz, portanto, aceitou a Cristo.

Jason, por fim, chegou ao prédio em que selecionariam os jurados. E, durante um grande intervalo, começou a orar pela liderança do Senhor. Observou um homem do outro lado da sala, sentado em uma cadeira de rodas. Essa cadeira era elétrica, do tipo que se move quando a pessoa aperta um botão. Depois de uma breve conversa, acabou por descobrir que o homem também era cristão. Jason encorajou-o com as promessas de Deus e, depois, pediu-lhe que olhasse por ele. Deram-se as mãos e começaram a orar. O corpo do homem foi inundado por uma força, enquanto a dor o abandonava. Jason disse-lhe para ficar de pé.

Aquele senhor lhe perguntou:

— E se eu cair?

Jason retrucou:

---

[22] Isso é o que chamamos *palavra de sabedoria* (1Coríntios 12.8). O cristão sabe algo sobre o outro que não poderia conhecer à parte de Deus, pois é o Senhor quem lhe revela. Deus com frequência usa esse dom para que a pessoa entenda que ele se importa. Isso estimula sua fé, tornando-a receptiva para receber o milagre que virá a seguir.

— E se não cair?

Isso foi o suficiente para alimentá-lo com a coragem necessária e, à vista de todos ali presentes, o homem ficou de pé, balançando os braços para se equilibrar. Fazia anos que não ficava nessa posição. Jason virou-se para todos ali e declarou: "Deus está aqui para curar!".

Antes do final do dia, duas outras pessoas foram curadas pelo toque de Jesus. Isso diz respeito aos negócios do Pai, e todo cristão tem um papel a desempenhar na realização dessa tarefa privilegiada.

Redescobrindo o propósito

Temos o privilégio de redescobrir o propósito original de Deus para seu povo. Nós, que ansiamos por isso, temos de buscá-lo com abandono arrojado. A lista a seguir apresenta o que você deve fazer para ajudar sua busca prática:

1. **Orar** — Seja específico e incansável quando orar por milagres em todas as áreas de sua vida. Em sua busca, evoque as promessas de Deus. O Senhor não se esqueceu do que disse e não precisa de nosso lembrete. Entretanto, gosta de nos ver recorrer a sua aliança quando oramos. A oração com o jejum deve ser parte integral dessa busca, pois ele mesmo revelou que são importantes para dar um salto extraordinário.[23] Chego a orar por doenças específicas para as quais não vejo esse salto extraordinário.

2. **Estudar** — A fonte mais óbvia para nosso estudo são as Escrituras. Passe meses lendo e relendo os Evangelhos. Busque modelos que deseja seguir. Examine, em especial, todas as referências ao Reino e peça a Deus para abrir os mistérios a você.[24]

---
[23] Veja Marcos 9.29.
[24] Veja Mateus 13.11.

O direito de compreensão pertence aos santos que estão dispostos a obedecer. Outra grande fonte de estudo é a busca por todas as referências à "reforma", aqueles períodos de transformação que Israel enfrentou sob o comando dos mais variados líderes (revivalistas).[25] Seria bom começar com Davi, Ezequias, Esdras e Neemias. A vida desses homens deve tornar-se uma mensagem profética para nós. Todo verdadeiro estudo é direcionado pela fome. Se você não tiver questões, não reconhecerá as respostas.

3. **Ler** — Encontre livros que foram escritos pelos generais do exército de Deus: aqueles que verdadeiramente põem a mão na massa. Há grande acúmulo de informação para os que estão dispostos a empreender essa busca. Não se esqueça dos líderes do grande reavivamento da década de 1950. *Os generais de Deus*, de Roberts Liardon, é um bom ponto de partida para você.

Se você tem medo de ler sobre aqueles que mais tarde caíram em pecado e engano (alguns terminaram de modo desastroso), fique longe de Gideão, Sansão e Salomão (autor de Provérbios e Cântico dos Cânticos). O autor desses livros também teve um fim trágico. Precisamos aprender a reter o que é bom.

4. **Buscar a imposição de mãos** — Busque homens e mulheres de Deus que têm a unção para os milagres em sua vida. Essa unção pode ser transferida para outras pessoas por intermédio da imposição de mãos.[26] Há momentos no ministério em que um indivíduo está disposto a orar por aqueles que desejam um aumento em sua unção.

5. **Ter boas companhias** — O rei Davi, quando jovem, ficou conhecido por matar Golias. No entanto, há pelo menos outros

---

[25] É provável que o termo *reforma* não seja encontrado nas Escrituras. Encontre passagens que tratam da vida desses indivíduos e busque por descrições da renovação espiritual ou da reforma na história de Israel.
[26] Veja 2Timóteo 1.6.

quatro gigantes que foram mortos nas Escrituras — todos mortos pelos homens que seguiam a Davi, o matador de gigantes. Se você quiser matar gigantes, ande com matadores de gigantes. Isso é contagioso.

A graça é o que nos capacita a viver no Reino e, em parte, é recebida dependendo de como respondemos aos dons de Cristo: apóstolos, profetas, evangelistas, pastores e mestres. Na verdade, recebemos a *graça para operar* esses dons. Se você andar com um evangelista, passará a pensar de forma evangelística. O mesmo acontece quando andamos com aqueles que experimentam com regularidade sinais e maravilhas em sua vida.

6. **Obedecer** — Independentemente de quanta preparação for feita a fim de aumentar a unção para milagres em uma vida, jamais haverá resultado sem obediência radical. Tenho de procurar os doentes e atormentados a fim de orar por eles. Se forem curados, louvo a Deus. E, se não forem, ainda assim louvo a Deus e *continuo* a buscar pessoas por quem orar. Aprendi, muito tempo atrás, que mais pessoas são curadas quando oramos por mais pessoas! Até agirmos fundamentados no que conhecemos, nosso conhecimento não é nada além de mera teoria. O aprendizado real acontece no fazer.

O poder não é opcional

Jesus disse: "Assim como o Pai me enviou, eu os envio" (João 20.21). Ele fez as obras do Pai e, depois, passou o bastão para nós. No capítulo seguinte, descobriremos o que é mais importante, caráter ou poder. A resposta pode surpreender você.

10
Impotência: desnecessária e insana

Não me impressiono com a vida de ninguém, a menos que as pessoas tenham integridade. No entanto, não fico satisfeito até que sejam perigosas.[1] Por mais que tenha a habilidade para fazer isso, não permitirei que os que estão a minha volta escapem impunes sendo apenas pessoas agradáveis!

Muitos cristãos têm como objetivo principal de vida ser cidadãos respeitados por sua comunidade. O bom caráter possibilita que contribuamos para a sociedade, mas a maioria do que é reconhecido como estilo de vida cristão pode ser conquistado por pessoas que nem mesmo conhecem a Deus. Todo cristão deve ser altamente respeitável e MUITO MAIS. E é a parte do *muito mais* que, em geral, não está presente.

Enquanto o caráter tem de estar no centro de nosso ministério, o poder revoluciona o mundo a nossa volta. Até que a Igreja retorne para o modelo de Jesus que abraça verdadeiros revolucionários, continuaremos a ser reconhecidos meramente como pessoas agradáveis — enquanto o mundo, a caminho do inferno, é assolado por doenças e tormentos.

---
[1] Perigosas para os poderes do inferno e as obras das trevas.

Alguns cristãos consideram nobre escolher o *caráter* em vez do *poder*. No entanto, não devemos separar os dois. Essa escolha é injustificada e ilegítima. Caráter e poder, juntos, levam-nos à questão real: obediência.

Certa vez, enquanto eu ensinava um grupo de alunos sobre a importância dos sinais e das maravilhas no ministério do evangelho, um rapaz disse em voz alta: "Passarei a buscar os sinais e as maravilhas quando souber que tenho mais do caráter de Cristo em mim". Por melhor que essa afirmação possa soar, ela provém de uma mentalidade religiosa, não de um coração que se entregou ao evangelho de Jesus Cristo. Em resposta ao comentário desse aluno, abri o evangelho de Mateus e li a ordem do Senhor: "Portanto, vão e façam discípulos de todas as nações, batizando-os em nome do Pai e do Filho e do Espírito Santo".[2] A seguir, perguntei-lhe: "Quem lhe deu o direito de determinar quando você está pronto para obedecer à ordem do Senhor?".

Impressionando Deus

Será que alguém acha que Deus se impressiona conosco quando lhe dizemos: "Obedecerei ao Senhor quando tiver mais caráter"? O caráter é moldado pela obediência. Jesus ordenou seus discípulos a ir, e eles, ao irem, tinham de ensinar a todos o que aprenderam. E parte do que aprenderam foi um treinamento específico para viver e operar no domínio dos milagres.[3] Jesus disse-lhes: "Curem os enfermos, ressuscitem os mortos, purifiquem os leprosos, expulsem os demônios".[4] Agora eles eram responsáveis por ensinar essa exigência como um estilo de vida a

---

[2] Mateus 28.19.
[3] Mateus 10.1,5-8,17 e Lucas 9.1-6.
[4] Mateus 10.8.

todos os seguidores de Jesus Cristo. Dessa forma, o padrão *dele* poderia continuar sendo *o* padrão — a norma para todos os que clamam o nome do Senhor para a salvação.

Muitos se consideram indignos de ser usados por Deus no domínio dos milagres e, portanto, nunca buscam esse domínio. Não é irônico que os cristãos desobedeçam a Deus ao não buscar diligentemente os dons espirituais — não impõem mãos sobre os doentes nem buscam libertar os cativos — porque percebem a necessidade que têm de mais caráter? Em nenhuma das comissões de Jesus ele lidou de forma específica com o caráter.

Será que a razão por haver tão poucos milagres na América do Norte seja porque muitos antes de nós achavam necessário ser cristãos melhores para ser usados por Deus? Sim! E essa mentira nos manteve em perpétua imaturidade porque ela nos protege do encontro com o poder que nos transforma. O resultado são convertidos com treinamentos e mais treinos até que não tenham mais vida, nem visão, nem criatividade. A próxima geração de convertidos tem de ser tratada de forma diferente. Temos de ajudá-los ao lhes dar uma identidade como transformadores do mundo, fornecendo a eles um modelo de caráter, paixão e poder e abrindo oportunidades para que possam servir.

Mario Murillo expõe isso da seguinte forma: "Quando ele pega a Bíblia, seu foco não é a cura emocional nem a autoestima. Ele pergunta onde está o gatilho e como dispará-lo. Quando ele lê a Palavra, quer aplicá-la para levar sua vizinhança a Deus!".[5]

Unção, a chave para o crescimento pessoal

O caráter semelhante a Cristo nunca pode ser totalmente desenvolvido se não servir sob o comando da unção. O ministério

---

[5] MURILLO, Mario. **Fresh Fire.** Anthony Douglas Publishing. p. 85.

ungido leva-nos a ter contato com o poder necessário para a transformação pessoal.

Tanto o Antigo quanto o Novo Testamento estão cheios de grandes exemplos do *outorgar poder para as diligências espirituais*. Na história do rei Saul, há um princípio importante. Deus falou que o Espírito do Senhor viria sobre ele e o transformaria em outro homem.[6] A unção transforma o vaso do qual ela flui. Há duas afirmações essenciais apresentadas depois dessa promessa:

1. "Deus mudou o coração de Saul."
2. "O Espírito de Deus se apossou dele, e ele profetizou no meio deles [dos profetas]."[7]

Saul teve oportunidade de se tornar tudo o que Israel precisava que ele fosse (um rei com um novo coração) e de aprender a fazer tudo o que precisava fazer (ouvir a Deus e declarar sua Palavra — profetizar).

Tenho um amigo querido cuja falha de caráter o levou, bem como a sua família, a ficar deficiente espiritualmente por um bom tempo. No entanto, nesse período, ele ainda tinha uma forte unção profética. Ele não foi a primeira pessoa a pensar que seu ministério bem-sucedido representava a aprovação de Deus para sua vida particular. Muitos foram vítimas desse erro ao longo dos anos. Quando o confrontei sobre seu pecado secreto, ele chorou com profundo pesar.

Por causa de sua posição de influência na igreja, senti a responsabilidade de o disciplinar.[8] Nenhuma organização chega a

---

[6] Veja 1Samuel 10.6.
[7] 1Samuel 10.9,10.
[8] A disciplina pode levar um indivíduo à vitória pessoal, mas a punição traz o ressentimento por causa da vergonha.

ser mais forte que sua habilidade de disciplinar seus membros, independentemente de qual seja ela — negócios, governo, igreja ou família. Parte de minha restrição a ele foi impedi-lo de entregar palavras proféticas por um período de tempo. Ele aceitou essa direção como algo necessário em sua vida.

Depois de vários meses, passei a ficar cada vez mais preocupado com essa afirmação em relação ao rei Saul e a meu amigo. Percebi que, se não lhe permitisse ministrar (sob a unção), eu estaria limitando sua exposição àquilo que selaria e estabeleceria sua vitória. Quando o liberei para voltar a profetizar, havia nova pureza e poder em sua palavra. Foi seu encontro pessoal com a unção no ministério que "o transformou em outro homem".[9]

Falsificações existem

Uma nota falsa de 100 reais não anula o valor da nota verdadeira. Da mesma forma, um dom falso — mal usado ou usado descomedidamente — não invalida nossa necessidade do poder do Espírito Santo para vivermos como Jesus viveu.

Centavos não são falsificados porque isso representaria muito esforço para pouco retorno. Da mesma forma, o demônio só trabalha para copiar ou distorcer aquelas coisas na vida cristã que, potencialmente, causam grande impacto. Quando vejo outros que buscaram grandes coisas em Deus, mas falharam, fico motivado a *continuar de onde eles pararam*. Isso me diz que há um tesouro nesse campo, e estou pronto a procurá-lo com

---

[9] Essa ilustração não foi apresentada para anular a importância da disciplina. A disciplina bíblica não é punição. É escolher, em amor, restrições que farão bem para a pessoa e para a família da igreja. A duração da disciplina de meu amigo se aproximava do ponto em que se tornaria punição e o teria mantido afastado exatamente daquilo que ele mais precisava.

abandono arrojado.[10] Os abusos de uma pessoa nunca justificam a negligência de outra.

Muitos daqueles que estão envolvidos com abusos de poder e com as subsequentes manchas na Igreja raramente se ofendem com a ausência de sinais e maravilhas. Os olhos dos críticos rapidamente se movem para aqueles que tentaram, e falharam, sem levar em consideração os incontáveis milhões de pessoas que confessam a salvação em Jesus mas que nunca *buscam os dons*, conforme lhes foi ordenado. No entanto, os olhos de Jesus rapidamente buscam ver se há fé na terra — "Quando o Filho do homem vier, encontrará fé na terra?".[11] Para cada charlatão, há milhares de bons cidadãos que realizam pouco ou nada para o reino.

O propósito do poder

Muitos acreditam que o poder do Senhor só existe para ajudar a sobrepujar o pecado. Essa compreensão fica muito aquém da intenção do Pai para nós, ou seja, *de nos tornar testemunhas* da existência de outro mundo. Não parece estranho que toda nossa vida cristã deva focar o sobrepujar algo que já foi derrotado? O pecado e sua natureza foram arrancados pela raiz. Muitos clamam constantemente para o Pai a fim de ter mais poder para viver em vitória. O que mais ele pode fazer por nós? Se sua morte não foi o suficiente, o que mais existe ali? A batalha já foi travada

---

[10] Abandono arrojado não é o mesmo que descuido espiritual. A maioria das falhas do passado aconteceu porque os líderes ficaram muito afastados das pessoas que Deus pôs na vida deles. Busco as coisas perigosas, mas presto conta de minhas atitudes e trabalho para proteger meus relacionamentos em todas as esferas. Acredito que essa é a esfera da segurança que muitos abandonaram em sua busca pelo "tesouro no campo".

[11] Veja Lucas 18.8.

e vencida! Será que esse processo de trazer à tona questões já tratadas pelo sangue é o que realmente dá vida a essas questões?

Muitos da Igreja estão acampados do lado errado da cruz. O apóstolo Paulo tratou dessa questão quando afirmou: "Da mesma forma, considerem-se mortos para o pecado, mas vivos para Deus em Cristo Jesus".[12] O verbo *considerar-se* aponta para nossa necessidade de mudar nossa mente. Não preciso de poder para sobrepujar algo, se estou morto para isso. No entanto, preciso de poder para ter ousadia[13] no domínio dos milagres e no impossível.

Parte de nosso problema é este: estamos acostumados a fazer, para Deus, as coisas que não são impossíveis. Se Deus não se mostrar e não nos ajudar, ainda assim podemos ser bem-sucedidos. Deve haver um aspecto da vida cristã que é impossível sem a intervenção divina. Isso nos mantém no limite e em contato com nosso verdadeiro chamado.

Não se engane, o caráter é uma questão suprema para Deus. No entanto, sua abordagem é muito diferente da nossa. A retidão não se estrutura em nós por nosso próprio esforço. Desenvolve-se quando desistimos de lutar e aprendemos a abandonar-nos completamente à vontade do Senhor.

Revestidos de poder

Tão grande era a necessidade de poder dos discípulos para que fossem testemunhas que eles não deviam deixar Jerusalém até que o recebessem. A palavra *poder, dunamis,* fala do domínio do milagre. O termo origina-se de *dunamai,* que quer dizer "habilidade". Pense sobre isso — temos de nos revestir da *habilidade de Deus!*

---

[12] Veja Romanos 6.11.
[13] Veja Atos dos Apóstolos 4.28,29.

Os outros 11 discípulos foram as pessoas mais bem treinadas em sinais e maravilhas em toda a história. Ninguém viu ou fez mais que eles, exceto Jesus. E foram esses 11 homens que tiveram de ficar em Jerusalém até que fossem revestidos do *poder do alto*. Quando eles o receberam, já o conheciam. Esse poder veio por intermédio de um encontro com Deus.

Alguns, por causa do medo de errar, dizem que é impróprio buscar uma experiência com Deus. Afinal, muitos grupos enganadores vieram daqueles que fundamentaram suas crenças em experiências que conflitam com as Escrituras. Sob o governo de tais atitudes, o medo torna-se nosso mestre. No entanto, por que esses mesmos indivíduos temem pertencer aos campos de doutrina estável, mas sem poder? Essa decepção é menos perigosa que o poder do abusador? Você enterrará seus dons e dirá ao mestre, quando ele vier, que estava com medo de errar? Poder e caráter estão tão intimamente alinhados nas Escrituras que você não pode ser fraco em um sem minar o outro.

Nosso relacionamento com o Espírito Santo

Por volta de vinte e cinco anos atrás, ouvi alguém mencionar que, se pudéssemos aprender o que significa "não entristecer" e "não apagar" o Espírito Santo, saberíamos o segredo de ser cheios do Espírito. Embora isso possa ser simplista, nessa afirmação há duas verdades importantes que lidam diretamente com a armadilha do "caráter *versus* poder".

O mandamento "Não entristeçam o Espírito Santo de Deus,"[14] explica como nosso pecado afeta e entristece o Senhor. Esse preceito é centrado no caráter. O pecado é definido de duas maneiras: fazer coisas erradas e falhar em fazer as coisas certas —

---
[14] Efésios 4.30.

"Quem sabe que deve fazer o bem e não o faz, comete pecado".[15] Desviar-se do caráter de Cristo entristece o Espírito Santo.

Ainda sobre esse tema, considere o mandamento "Não apaguem o Espírito"[16], o qual foca nossa necessidade de seguir a liderança do Espírito Santo. *Apagar* quer dizer "interromper o fluxo" de algo. Como o Espírito Santo está pronto para trazer salvação, cura e libertação, temos de *fluir* com ele. Falhar nessa tarefa obstrui seu esforço de nos levar para o sobrenatural.

Se o Espírito tem de ser livre para se mover em nossa vida, estaremos constantemente envolvidos com impossibilidades. O sobrenatural é seu reino natural. Quanto mais importância dermos ao Espírito Santo, mais essas questões se tornam supremas em nosso coração.

Busque um encontro

Em algum ponto, temos de acreditar em um Deus que é grande o suficiente para nos manter seguros em nossa busca por mais dele. Falando em termos práticos, para muitos cristãos o demônio é maior que o próprio Deus. Como um ser criado e caído poderia ser comparado com o infinito Senhor da glória? Essa é uma questão de confiança. Se eu focar minha necessidade de me proteger da decepção, estarei sempre, de forma irresistível, consciente do poder do demônio. Se meu coração estiver totalmente voltado para aquele que é "poderoso para [impedir-me] de cair",[17] ele será o único a me impressionar. Minha vida reflete o que vejo em meu coração.

Portanto, como caminhamos no poder de Deus? Primeiro, precisamos buscá-lo. A vida de poder é uma vida de permanência

---

[15] Tiago 4.17.
[16] 1Tessalonicenses 5.19.
[17] Judas 24,25.

em Cristo (manter-se ligado a nossa fonte de poder). A fome por demonstração de poder não tem de ser separada de nossa paixão por ele. No entanto, para perceber isso, nossa fome por ele, em parte, tem de ser vista em nossa busca cheia de paixão pelos dons espirituais.[18] Esse é o mandamento!

Nessa diligência, tenho de desejar apaixonadamente encontros transformadores de vida com Deus, vez após vez. Tenho de clamar dia e noite por eles... e ser específico. Tenho de estar disposto a viajar para conseguir o que preciso. Se Deus se move em um lugar distinto daquele em que moro, tenho de *ir até lá*! Se ele usa alguém mais do que me usa, tenho de humildemente ir até essa pessoa e pedir que orem por mim com imposição de mãos.

Alguns podem perguntar: "Por que Deus não pode tocar-me onde estou?". Ele pode. No entanto, em geral, ele se move de forma que enfatize nossa necessidade por outras pessoas, em vez de aumentar nossa independência. Homens sábios sempre estão dispostos a viajar.

Minha história — gloriosa, mas não agradável

Em minha busca pessoal por mais poder e unção em meu ministério, viajei para muitas cidades, incluindo Toronto. Deus usou minhas experiências nesses lugares para me preparar para encontros transformadores de vida em minha cidade.

Certa vez, no meio da noite, Deus veio em resposta a minha oração por mais dele em minha vida, mas não da forma que eu esperava. Passei de um sono profundo para o estado de semiconsciência em um estalar de dedos. Um poder inexplicável começou a pulsar através de meu corpo, aparentemente algo parecido com uma eletrocussão. Era como se eu tivesse sido ligado em uma

---
[18] 1Coríntios 14.1.

tomada com milhares de volts de eletricidade fluindo de meu corpo. Meus braços e pernas saltavam em explosões silenciosas como se algo estivesse sendo liberado por intermédio de minhas mãos e pés. Quanto mais tentava parar isso, pior a situação ficava.

Logo descobri que não era uma luta livre que eu teria de vencer. Não ouvi nenhuma voz nem tive visões. Essa foi simplesmente a experiência mais avassaladora de minha vida. Era poder bruto... *era* Deus. O Senhor veio em resposta à oração que eu fazia havia meses — *Deus, preciso ter mais do Senhor a qualquer custo!*

No dia seguinte à noite gloriosa, reuni-me com um bom amigo e profeta, Dick Joyce. Era 1995. No final da reunião, orei por ele, que estava tendo dificuldades em experimentar a presença de Deus. Disse-lhe que sentia que Deus o surpreenderia com um encontro no meio do dia ou até mesmo às 3 horas da madrugada. Naquela noite, quando o poder caiu sobre mim, olhei para o relógio. Eram 3 horas exatamente. Sabia que eu fora preparado.

Por meses, eu pedira a Deus que me desse mais de sua presença. Não tinha certeza se essa era a forma correta de orar nem compreendi a doutrina por trás de meu pedido. Tudo o que sabia era que tinha fome de Deus. Para mim, aquele fora um clamor constante dia e noite.

O momento divino foi glorioso, mas não agradável. De início, fiquei envergonhado, embora só eu soubesse que estava naquela condição. Enquanto estava deitado ali, imaginei-me diante da congregação, pregando a Palavra como gostava de fazer. No entanto, vi meus braços e minhas pernas todos desconjuntados, como se enfrentasse algum problema físico muito sério. A cena mudou — eu estava andando na rua principal de nossa cidade, bem em frente de meu restaurante favorito, e, mais uma vez, meus braços e pernas se moviam descontroladamente de cá para lá.

Não conheço ninguém que acreditaria que isso era de Deus. Recordei-me da história de Jacó e seu encontro com o anjo do Senhor. Ele mancou pelo resto da vida. E depois havia também a história de Maria, a mãe de Jesus. Ela teve uma experiência com Deus na qual nem mesmo seu noivo acreditou, embora a visitação de um anjo o tenha ajudado a mudar de ideia. O resultado dessa visitação foi dar à luz o Cristo-criança... e, depois, carregar o estigma de ser *a mãe de um filho ilegítimo*. Tudo estava ficando claro — o favor de Deus, algumas vezes, quando visto da perspectiva da terra e quando visto da perspectiva do céu, parece diferente. Meu pedido por mais de Deus custava um preço.

As lágrimas começaram a ensopar meu travesseiro, à medida que me lembrava das orações dos meses anteriores e as contrastava com as cenas que passavam por minha mente. Em primeiro plano, estava a percepção de que Deus queria fazer uma troca — o aumento de sua presença em troca de minha dignidade. É difícil explicar como você conhece o propósito do Senhor em um encontro como o que tive. Tudo o que posso dizer é que você *sabe* o que está acontecendo. Você conhece o propósito do Senhor tão bem que qualquer outra realidade desaparece nas sombras à medida que ele toca a única coisa que lhe interessa.

Em meio às lágrimas cheguei ao ponto em que seria impossível retornar. Capitulei com alegria, clamando: "Mais, Deus, Mais! Preciso ter mais do Senhor a qualquer custo! Se perder a respeitabilidade e ganhar o Senhor em troca, farei essa troca com alegria. Só quero que me dê mais do seu poder!".

As ondas de poder não cessaram. Continuaram a noite toda, e eu orava e chorava: "Mais, Senhor, mais! Por favor, dê-me mais do Senhor". A experiência acabou às 6h38 da manhã, e levantei-me totalmente renovado. Essa experiência continuou nas duas noites seguintes, iniciando-se momentos depois de eu me deitar.

Remando contra a corrente

A paixão bíblica é uma mistura de humildade, fome de sobrenatural e fé. Busquei porque fui buscado. A letargia não deve ser encontrada em mim. E, se a vida cristã normal a minha volta ficar aquém do padrão bíblico, tenho de remar contra a corrente. Se as pessoas não estiverem sendo curadas, não racionalizarei a fim de que todos a minha volta se sintam confortáveis com essa lacuna. Ao contrário, buscarei a cura até que ela venha ou até que a pessoa vá ter com o Senhor.[19] Não baixarei o padrão da Bíblia para que chegue a meu nível de experiência.

Jesus curou todos os que vieram a ele. Aceitar qualquer outro padrão representa *trazer a Bíblia para meu nível de experiência* e negar a natureza daquele que é imutável.

Quanto ao ministério de poder, tudo o que recebo de Deus tenho de distribuir. Você só recebe para guardar aquilo que distribui. Se quer ver as pessoas curadas, busque os doentes e ofereça-se para orar por eles. Embora eu não seja o curador, tenho controle sobre minha disposição de servir os necessitados. Se ministrar para os necessitados, forneço ao Senhor uma oportunidade para que ele mostre seu amor extravagante pelas pessoas. O ministério dos sinais e maravilhas não chega a lugar nenhum se tivermos medo de falhar. Como diz Randy Clark: "Tenho de estar disposto a falhar se quiser ser bem-sucedido".

Buscando o fruto

Jesus disse que precisamos receber o Reino como uma criança. A vida de poder sente-se em casa no coração dos pequenos. A criança tem um apetite insaciável por aprender. Seja como uma delas e leia as obras daqueles que foram bem-sucedidos em seu

---

[19] Nesse momento, a oração por ressurreição é apropriada!

ministério de cura. Fique longe dos livros e das fitas daqueles que dizem que isso não deve e não pode ser feito. Se o autor não andar no poder, não o ouça, por mais proficiente que ele seja em outra área. Um especialista em finanças bíblicas não é necessariamente proficiente em sinais e maravilhas. Respeite o lugar desse indivíduo no plano de Deus e na área em que ele é especialista, mas jamais perca seu precioso tempo lendo as obras dos que não fazem o que ensinam. Ficamos com excesso de peso por causa das teorias dos cristãos da sala de aula. Precisamos aprender com aqueles que *põem a mão na massa!*

Certa vez, alguém trouxe um livro para meu escritório que criticava o reavivamento iniciado em Toronto em janeiro de 1994. Recusei-me a ler e joguei-o fora. Talvez você diga: "Você não é uma pessoa de mente aberta". E você está certo. Sou responsável por proteger o que Deus me deu. Ninguém mais tem essa missão. Ardendo em minha alma está um pouco da chama original que caiu no dia de Pentecoste. Essa chama foi passada adiante, geração após geração. O fogo arde no mais íntimo de meu ser e, por causa disso, jamais serei o mesmo de novo. Minha paixão por Jesus cresce continuamente. E os sinais e maravilhas que ele prometeu estão acontecendo como parte regular de minha vida.

Para mim, levar em consideração as críticas desse avivamento seria o mesmo que dar ouvidos a alguém tentando provar que eu deveria ter casado com outra mulher. Primeiro, amo minha esposa e não tenho o menor interesse em ninguém mais. Segundo, recuso-me a dar ouvidos às opiniões de qualquer pessoa que deseja minar meu amor. Só aqueles que contribuem para aumentar meu compromisso com ela têm permissão para falar algo. Qualquer coisa menos que isso seria tolice de minha parte.

Os críticos desse reavivamento, sem perceber, tentam separar--me de meu primeiro amor. Não darei espaço a eles. Tenho muitos amigos que são capazes de ler críticas sem ser afetados por elas. Respeito-os por essa habilidade de pôr a mão na lama sem manchar o coração. Não tenho a menor vontade de fazer isso. Esse não é meu dom. Aprenda como você funciona melhor e, depois, faça só aquilo que se ajusta a você!

Embora eu não tenha tempo para críticas, dou sempre as boas-vindas a "quem fere por amor".[20] As correções apresentadas por intermédio dos relacionamentos relevantes em nossa vida nos mantêm afastados da decepção.

E se nada acontecer

Se ensinarmos, pregarmos ou testemunharmos e nada acontecer, temos de voltar para a prancheta — nossos joelhos. Não invente desculpas para a falta de poder. Por décadas a Igreja foi culpada de criar a doutrina para justificar sua falta de poder, em vez de clamar a Deus para mudar a situação. A mentira em que passaram a acreditar deu origem a um ramo da teologia que infectou o Corpo de Cristo com o medo do Espírito Santo. Esse ensinamento engana sob o disfarce de não permitir o engano. A palavra precisa ir adiante com poder. O poder é o reino do Espírito. Uma palavra sem poder é *a letra*, não *o Espírito*. E todos nós sabemos que "[...] a letra mata, mas o Espírito vivifica".[21] Vidas precisam ser transformadas em nosso ministério da palavra. Tenha em mente que a conversão é o maior e mais sensacional milagre de todos.

"Pois Cristo não me enviou para batizar, mas para pregar o evangelho, não porém com palavras de sabedoria humana, para

---

[20] Veja Provérbios 27.6.
[21] 2Coríntios 3.6.

que a cruz de Cristo não seja esvaziada."[22] Se o evangelho apresentado não tem poder, é porque está sendo influenciado pela sabedoria humana.

Oração, a porta para o poder

Sempre que separo tempo para buscar a Deus sobre a necessidade de poder para apoiar sua mensagem, o Senhor vem com um aumento de seu poder no ministério. Os milagres são ampliados. Aprendi algo muito útil em relação a esse assunto com Randy Clark. Quando ele percebe que há certas curas que não estão acontecendo nos cultos que dirige, clama a Deus mencionando doenças específicas. Ele tinha muitos poucos milagres relacionados com o cérebro — como dislexia. Após clamar pela manifestação desses tipos de milagre, começou a experimentar um grande salto nessa área. Segui sua orientação e nunca vi Deus falhar. Pedidos específicos são bons porque são mensuráveis. Algumas de nossas orações são muito gerais. Deus poderia respondê-las e jamais saberíamos disso.

Depois de aprender esse princípio com o exemplo de Randy Clark, comecei a orar pela cura de desordens no cérebro. Um desses milagres aconteceu com uma mulher, Cindy. Disseram-lhe que um terço de seu cérebro estava bloqueado. Vinte e três desordens de aprendizagem a impediam de fazer algo que envolvesse memorização, números ou mapas. Em um de nossos cultos de sexta-feira à noite, Cindy ficou na fila de oração para receber a bênção de Deus. Quando oramos, ela caiu sob o peso da glória do Senhor. Durante o período em que permaneceu caída no chão sobrepujada pelo poder de Deus, teve uma visão em que Jesus lhe perguntou se ela queria ser curada. É óbvio que Cindy respon-

---

[22] 1Coríntios 1.17.

deu afirmativamente. Então, ao comando do Senhor, ficou de pé de um salto e foi correndo buscar sua Bíblia. Pela primeira vez em sua vida tudo estava onde supostamente deveria estar. Quando duas semanas depois ela testemunhou sobre o milagre, citou muitos versículos que memorizara nesse breve espaço de tempo.

Pague agora ou pague depois

Ouvimos muito sobre o custo da unção. Sem sombra de dúvida, caminhar com Deus em poder tem um custo para todos os que se entregam a essa ordem do Senhor. No entanto, a ausência de poder é ainda mais custosa. No capítulo seguinte, descobriremos como a eternidade é afetada por nossa falta de poder.

11
O alto custo do pequeno poder

Ganhe para o Cordeiro que foi morto a recompensa por seu sofrimento.

— Os morávios

O reavivamento é a atmosfera em que o poder de Deus tem mais probabilidade de se manifestar. Ele toca todas as áreas da vida humana, irrompendo na sociedade que solta as centelhas da revolução. Essa glória é custosa, e não deve ser considerada de forma superficial. No entanto, uma Igreja sem poder é muito mais custosa em termos do sofrimento humano e das almas perdidas. Durante o reavivamento, o inferno é saqueado, e o céu, povoado... e ponto-final.

Deixe-me ilustrar a necessidade de sinais e maravilhas em nossa busca para ver nossas cidades transformadas e a glória do Senhor enchendo a terra. Sem o que apresentaremos a seguir, o mundo sofre, Deus se entristece e somos as mais infelizes criaturas:

1. Sinais e maravilhas revelam a natureza de Deus

O propósito primário do domínio do milagre é revelar a natureza de Deus. A ausência de milagres trabalha como um ladrão, roubando revelações preciosas que estão ao alcance de todos os homens, mulheres e crianças. Nossa dívida para com a humanidade é fornecer as respostas para o impossível e favorecer um encontro pessoal com Deus. E esse encontro tem de incluir grande poder.[1]

Temos de ser testemunhas de Deus. Dar *testemunho* quer dizer "representar". Esse termo, na realidade, significa *reapresentar* o Senhor. E reapresentar o Senhor sem poder é uma tremenda deficiência. É impossível dar um testemunho adequado de Deus sem demonstrar seu poder sobrenatural. O sobrenatural é seu domínio natural. Jesus foi uma representação exata da natureza do Pai.[2] A reapresentação do Pai feita por Jesus deve ser um modelo para nós à medida que aprendemos a reapresentar o Senhor.

O domínio do milagre de Deus tem sempre um propósito. Ele não vem com poder sobre nós apenas para se mostrar ou nos divertir. Demonstrações de poder são de natureza redentora. Até mesmo as atividades cataclísmicas do Antigo Testamento foram planejadas para levar as pessoas ao arrependimento.

A cura nunca tem apenas uma dimensão. Embora o milagre possa mudar a saúde física de alguém, também solta a fagulha de uma revolução no âmago do coração humano. Essas duas coisas revelam a natureza de Deus que nunca deve ser comprometida pelo cristianismo sem poder.

---

[1] O encontro deve incluir outras coisas também. Por exemplo, o amor de Deus tem de ficar evidente por nosso intermédio, como também o caráter do Senhor etc. O propósito deste livro, entretanto, é preencher a lacuna para ajudar nosso retorno, extremamente necessário, a um evangelho de poder, amor e caráter.

[2] Hebreus 1.3.

2. Sinais e maravilhas expõem o pecado e levam as pessoas a tomar uma decisão...

"Quando Simão Pedro viu isso, prostrou-se aos pés de Jesus e disse: 'Afasta-te de mim, Senhor, porque sou um homem pecador!'."[3]

Pedro pescara a noite toda, sem sucesso. Jesus lhe disse para lançar as redes do outro lado do barco, algo que, sem dúvida, ele provavelmente já fizera muitas vezes. Quando efetuou isso em obediência ao Mestre, a pesca foi tão volumosa que o barco quase afundou. Pedro pediu ajuda aos outros barcos. A resposta do pescador a esse milagre foi: "Sou um homem pecador".

Quem lhe disse que era pecador? Não há registro de sermões, nem de admoestações, nem de nada similar feito no barco naquele dia — apenas a grande quantidade de peixes! Portanto, como Pedro chegou à convicção do pecado? Foi por intermédio de um milagre. O poder expõe. Ele desenha uma linha na areia e força as pessoas a tomar uma decisão.

A demonstração de poder não é garantia de que as pessoas se arrependerão. Basta observar Moisés para perceber que, algumas vezes, os milagres só fazem nossos faraós ficarem mais determinados a nos destruir quando eles veem o poder. Sem os atos de poder, os fariseus poderiam esquecer os fatos sobre a Igreja que nasceu com o sangue de Jesus derramado na cruz. O poder estimula o zelo da oposição existente neles. Precisamos ter um pensamento sereno sobre o assunto: o poder, com frequência, leva as pessoas a decidir o que elas aceitam e a que se opõem. Ele remove o terreno intermediário entre esses dois polos.

Ministérios de misericórdia são absolutamente necessários no ministério do evangelho. Representam uma das formas por meio

---

[3] Lucas 5.8.

das quais o amor de Deus pode e deve ser visto. E só se completam com as demonstrações de poder. Por quê? A realidade é esta: o mundo, em geral, aplaude esses esforços porque sabe que deveríamos fazer isso. Temos, porém, de perceber a triste realidade: é comum que as pessoas reconheçam a gentileza da Igreja e, mesmo assim, não se arrependam. No entanto, o poder força essa questão, por causa de sua habilidade inerente de humilhar a humanidade.

Jesus disse: "Se eu não tivesse realizado no meio deles obras que ninguém mais fez, eles não seriam culpados de pecado".[4]

Será que Jesus está dizendo que o pecado não existia no coração dos judeus até ele fazer milagres? Duvido muito. Ele apenas está explicando o princípio revelado no arrependimento de Pedro. O poder expõe o pecado e leva as pessoas a tomar uma decisão. A razão de o poder não estar presente consiste no fato de não usarmos as armas que estavam no arsenal de Jesus na ocasião em que ele ministrou ao perdido. O resultado? A maioria continua perdida. O poder força as pessoas a tomar consciência de Deus, e a natureza do poder é muito exigente.

3. Sinais e maravilhas dão-nos coragem...

> Os homens de Efraim, flecheiros armados,
> viraram as costas no dia da batalha;
> não guardaram a aliança de Deus
> e se recusaram a viver de acordo com a sua lei.
> Esqueceram o que ele tinha feito,
> as maravilhas que lhes havia mostrado.[5]

---

[4] João 15.24.
[5] Salmos 78.9-11.

Uma parte muito profunda da cultura judaica foi modelada pela ordem de *guardar o testemunho do Senhor*. A família mesma era direcionada pela revelação contínua de Deus contida nos mandamentos e nos testemunhos do Senhor. Eles teriam de falar sobre a Lei de Deus e o que o Senhor fizera quando iam para a cama à noite, acordavam de manhã, caminhavam etc. Qualquer hora do dia era um tempo perfeito para falar sobre as maravilhosas obras de Deus.

Para garantir que não se esquecessem disso, deveriam construir monumentos que os ajudariam a lembrar a invasão de Deus na vida deles. Por exemplo, eles empilhavam pedras para marcar o lugar onde Israel cruzou o rio Jordão.[6] Tal prática serviria para momentos em que os filhos lhes pudessem perguntar: "Papai, para que serve essa pilha de pedras?". Eles poderiam responder com a história de como Deus trabalhou no meio deles.

O testemunho de Deus cria um apetite maior por mais dessas atividades. A expectativa cresce sempre que as pessoas são despertadas para a natureza e a aliança sobrenaturais do Senhor. Quando a expectativa aumenta, os milagres também aumentam. Você consegue ver o ciclo. O simples ato de compartilhar um testemunho sobre Deus pode estimular os outros a esperar por Deus e vê-lo agir em sua vida cotidiana.

O reverso também é verdade. Quando a expectativa diminui, não se esperam tanto os milagres. A consequência é que eles passam a acontecer cada vez menos. Como você pode perceber, há também a possibilidade de uma trajetória descendente. Esquecer o que Deus fez ao remover o testemunho de nossos lábios nos torna, por fim, temerosos no dia da batalha. A história dos homens de Efraim é trágica porque eles estavam totalmente preparados

---

[6] Veja Josué 3.1-17.

para vencer. Só lhes faltou coragem. A coragem deveria brotar da memória que tinham de quem Deus fora para eles.

4. O sobrenatural é a chave para as cidades pecadoras do mundo...

> Então Jesus começou a denunciar as cidades em que havia sido realizada a maioria dos seus milagres, porque não se arrependeram. "Ai de você, Corazim! Ai de você, Betsaida! Porque se os milagres que foram realizados entre vocês tivessem sido realizados em Tiro e Sidom, há muito tempo elas se teriam arrependido, vestindo roupas de saco e cobrindo-se de cinzas. Mas eu lhes afirmo que no dia do juízo haverá menor rigor para Tiro e Sidom do que para vocês. E você, Cafarnaum, será elevada até ao céu? Não, você descerá até o Hades! Se os milagres que em você foram realizados tivessem sido realizados em Sodoma, ela teria permanecido até hoje. Mas eu lhe afirmo que no dia do juízo haverá menor rigor para Sodoma do que para você".[7]

Essa passagem das Escrituras faz uma distinção entre as cidades religiosas e aquelas conhecidas por seu pecado. A cidade religiosa tinha uma consciência adormecida de sua necessidade de Deus, embora a cidade pecaminosa estivesse mais consciente de que algo estava faltando.[8] A religião é ainda mais cruel que o pecado.

As cidades que Jesus menciona aqui são as que mais viram sinais e maravilhas. Os milagres realizados eram tão numerosos que, segundo o apóstolo João, se fossem registrados, poderiam

---

[7] Mateus 11.20-24.
[8] Trataremos mais desse assunto no capítulo 15.

encher todos os livros do mundo.[9] Isso nos dá uma perspectiva sobre a repreensão de Jesus direcionada às cidades de coração endurecido.

Jesus ficou limitado àquilo que poderia fazer em Nazaré, por causa da descrença.[10] No entanto, em Corazim e Betsaida, parece que os milagres foram incomensuráveis, o que sugere que essas cidades tinham um bocado de fé. A repreensão severa não parece ser movida pelo fato de não apreciarem suas obras de milagre. Eles as devem ter apreciado. O problema foi acrescentar esse movimento àquilo que já estavam fazendo, em vez de considerar Jesus o ponto focal de sua vida. É isso o que a religião faz. Conforme Jesus disse, eles não se arrependeram nem mudaram a forma de pensar (alteração da perspectiva de vida).

Muitos desfrutam do movimento de Deus, mas não se arrependeram genuinamente (não mudaram a perspectiva, não tornaram as atividades de Jesus seu ponto focal e sua ambição). A revelação que veio para eles por intermédio do miraculoso aumentou a responsabilidade, exigindo, portanto, mudança na vida dessas pessoas. Uma mudança que nunca ocorreu.

A unção em Cafarnaum foi tamanha que algumas versões bíblicas dizem que eles foram *elevados até o céu.* Será que Jesus estava dizendo que o domínio do milagre à volta deles era tão grande que tornou Cafarnaum a cidade da terra mais parecida com o céu? Se esse foi o caso, por breve período de tempo, ela foi o exemplo de *assim na terra como no céu.* Eles abriram espaço para a grande obra de Jesus, porém, jamais fizeram os ajustes necessários para que essa obra se tornasse o principal ponto em sua vida.

No entanto, há outra mensagem contida nessa história. Tiro, Sidom e Sodoma teriam de fato se arrependido se tivessem

---
[9] Veja João 21.25.
[10] Veja Marcos 6.1-6.

sido expostas à mesma dimensão de *derramamento do Espírito Santo!* Você ouviu bem isso? *Elas se teriam arrependido*! Essa é uma mensagem profética para hoje. Milagres nas ruas das "cidades pecadoras" do mundo *as levam ao arrependimento*! É o segredo que nos dá acesso ao coração dessas grandes cidades! As São Franciscos e as Amsterdams, as Nova Orleans e os Rio de Janeiros do mundo *se arrependerão*... se houver um exército de santos, cheios do Espírito Santo, caminhando por suas ruas, cuidando dos aflitos, levando o poder de Deus para as circunstâncias impossíveis. Eles se arrependerão. Essa é uma promessa. Eles simplesmente esperam por aqueles que trazem a mensagem do Reino.

A ausência de poder elimina essa possibilidade e, em seu lugar, vem o julgamento de Deus.

5. Milagres revelam sua glória...

> Este sinal miraculoso, em Caná da Galileia, foi o primeiro que Jesus realizou. Revelou assim a sua glória, e os seus discípulos creram nele.[11]

Jesus foi a um casamento em que o vinho tinha acabado. Até esse momento, ele ainda não havia feito nenhuma das maravilhas pelas quais, mais tarde, ficou conhecido. Maria sabia quem seu filho era e o que era possível para ele. Portanto, nessa situação de necessidade, disse-lhe: " 'Eles não têm mais vinho'. Respondeu Jesus: 'Que temos nós em comum, mulher? A minha hora ainda não chegou' ". Contudo, Maria fez algo surpreendente, virou--se para os serviçais e declarou: " 'Façam tudo o que ele lhes

---

[11] João 2.11.

mandar' ".[12] Sua fé abriu espaço para a extravagância de Deus! Jesus, depois disso, fez o milagre da transformação de água em vinho.

Bem, o que realmente aconteceu? É importante lembrar que Jesus só fez o que viu seu Pai fazer e só disse o que ouviu seu Pai dizer. Quando Maria, pela primeira vez, dirigiu-se a Jesus para mencionar a necessidade de vinho, é seguro dizer que ele notou que o Pai não pretendia fazer nenhum milagre naquele casamento. Além disso, ele sabia que não era *sua hora*... o tempo para ser revelado como o *operador de milagres*. Foi isso que o levou a responder: "Que temos nós em comum, mulher? A minha hora ainda não chegou". Entretanto, Maria respondeu com *fé* e preparou os serviçais para fazer "tudo o que ele lhes mandar".

Jesus, mais uma vez, procurou saber o que o Pai estava fazendo e, nesse momento, observou que ele estava transformando água em vinho. Portanto, Jesus seguiu a liderança de seu Pai e fez o milagre. Maria, com sua fé, tocou o coração do Pai a ponto de ele, aparentemente, mudar o tempo escolhido para revelar Jesus como o operador de milagres. A fé move o céu, para que o céu mova a terra.

De acordo com João 2.11, essa demonstração do poder de Deus liberou a glória do Senhor naquele local. Sinais e maravilhas fazem isso. Eles liberam a glória de Deus em nossas cidades. A necessidade — seja ela o que for, doença, pobreza, opressão etc. — representa o impacto das trevas. O milagre desloca as trevas e a troca pela luz — a glória. Quando não há milagres, também não há a glória de Deus, a presença manifesta de Jesus.

À medida que a glória é liberada, os poderes das trevas são deslocados e substituídos pela presença governante e real de Deus. A casa é *limpa e varrida* e fica cheia de mobílias e acessórios do

---

[12] João 2.3-5.

céu.[13] Assim que os poderes das trevas são removidos, têm de ser substituídos pelas coisas certas, ou o inimigo tem acesso legal para voltar, tornando o último estado do homem pior que o primeiro. Os milagres fazem estas duas coisas: removem a influência governante do inferno e estabelecem a presença governante de Deus.

Como a glória de Deus cobre a terra? Acredito que, pelo menos em parte, por intermédio das pessoas que andam em poder, levando o testemunho de Jesus para as nações. Haverá uma geração que captará isso e invadirá o sistema deste mundo com o testemunho vivo de quem é Jesus!

6. Sinais direcionam as pessoas para que deem glória a Deus...

> Vendo isso, a multidão ficou cheia de temor e glorificou a Deus, que dera tal autoridade aos homens.[14]

Em quase todas as reuniões que dirijo — seja um culto tradicional da igreja, seja uma conferência, uma reunião do conselho ou de nossa equipe —, falo sobre como o milagre põe em ação o poder do Senhor. Quando falo em localidades distantes de minha cidade, sempre utilizo esse método para estimular a fé e ajudar os ouvintes a direcionar seu coração para Deus. Depois pergunto a eles: "Quantos de vocês deram glória ao Pai e o louvaram quando compartilhei os testemunhos?". Quase todas as mãos se levantam. A seguir, lembro a todos os presentes este aspecto importante: *Se não houvesse poder e testemunho correspondente, Deus jamais receberia essa glória. Sem poder, roubamos-lhe a glória devida!*

---

[13] Veja Lucas 11.25.
[14] Mateus 9.8.

7. Os próprios sinais dão glória a Deus!

> Bendigam o SENHOR todas as suas obras
> em todos os lugares do seu domínio.
> Bendiga o SENHOR a minha alma![15]
>
> Rendam-te graças todas as tuas
> criaturas, SENHOR,
> e os teus fiéis te bendigam.[16]

Não só os milagres estimulam o coração dos homens a dar glória a Deus, mas os milagres, por si mesmos, dão glória a ele. Não tenho certeza de como isso funciona, mas, de alguma maneira, um ato de Deus tem vida própria e também a habilidade de glorificá-lo sem a ajuda da humanidade. A ausência de milagres rouba Deus da glória que ele deveria receber em razão de suas obras.

8. Milagres são uma força unificadora para as gerações...

> Uma geração contará à outra
>   a grandiosidade dos teus feitos;
> eles anunciarão os teus atos poderosos.[17]
>
> Não os esconderemos dos nossos filhos;
> contaremos à próxima geração
>   os louváveis feitos do SENHOR,
> o seu poder e as maravilhas que fez.
> Ele decretou estatutos para Jacó,
>   e em Israel estabeleceu a lei,

---

[15] Salmos 103.22.
[16] Salmos 145.10.
[17] Salmos 145.4.

>e ordenou aos nossos antepassados
>   que a ensinassem aos seus filhos,
>de modo que a geração seguinte a conhecesse,
>   e também os filhos que ainda nasceriam,
>e eles, por sua vez,
>   contassem aos seus próprios filhos.
>Então eles porão a confiança em Deus [...][18]

Israel teria de construir monumentos em memória das obras de Deus. A razão para isso? Para que sua existência diária fosse um lembrete às próximas gerações de quem é Deus e o que representa sua aliança com seu povo.

O testemunho era para ser, além de um registro da atividade de Deus, um convite para que outros o conhecessem. Uma geração falaria do testemunho de Deus à outra. O texto não menciona que uma geração mais velha falaria com a mais jovem. Embora, com mais frequência, seja isso o que se pense desse versículo, é igualmente verdade que uma geração mais jovem pode experimentar Deus, e a mais velha beneficiar-se disso. Encontros com o Deus todo-poderoso tornam-se um fator unificador para as gerações!

9. Sinais e maravilhas afirmam quem Jesus é...

>Se eu não realizo as obras do meu Pai, não creiam em mim. Mas se as realizo, mesmo que não creiam em mim, creiam nas obras, para que possam saber e entender que o Pai está em mim, e eu no Pai.[19]

Se os judeus enfrentassem lutas para crer que Jesus era o Messias, então ele lhes dizia que olhassem para os milagres e

---

[18] Salmos 78.4-7.
[19] João 10.37,38.

acreditassem neles. Por quê? Um sinal sempre leva você a algum lugar. E Jesus sabia para onde esses sinais os levariam. De alguma forma, o simples passo de crer naquilo que viam, por fim, possibilitaria que acreditassem em Jesus[20] — como aconteceu no caso de Nicodemos. Todo milagre testificava da identidade de Jesus. Sem milagres, jamais pode haver uma revelação plena de Jesus.

10. Milagres ajudam as pessoas a ouvir a voz de Deus...

> Quando a multidão ouviu Filipe e viu os sinais miraculosos que ele realizava, deu unânime atenção ao que ele dizia.[21]

Filipe foi o mensageiro de Deus designado para a cidade de Samaria. Os habitantes dessa cidade conseguiram ouvir as palavras de Filipe como provenientes de Deus por causa dos milagres. Atos de poder ajudam as pessoas a sintonizar seu coração nas coisas do Pai. Facilitam romper com o raciocínio de que este mundo material é a realidade suprema. A mudança de perspectiva é essencial para a resposta mais básica a Deus. Em essência, é o que significa a palavra *arrependimento*. Os milagres fornecem a graça para o arrependimento.

O desespero ocasionado pelos milagres é, em parte, responsável por esse fenômeno. À medida que nosso interesse se afasta de tudo o que é natural, direcionamos nossa atenção ao Senhor. A mudança abre os olhos e os ouvidos do coração. Em razão disso, vemos o que, o tempo todo, estava bem diante de nós e ouvimos o que Deus está dizendo por intermédio de nossa vida.

Milagres levam a uma mudança de prioridade. São um importante auxílio para ouvirmos mais claramente. Sem eles,

---
[20] João 10.36.
[21] Atos dos Apóstolos 8.6.

tendemos a ser direcionados por nossa mente, e ainda chamamos isso de espiritualidade.

11. Milagres ajudam as pessoas a obedecer a Deus...

> Não me atrevo a falar de nada, exceto daquilo que Cristo realizou por meu intermédio em palavra e em ação, a fim de levar os gentios a obedecerem a Deus.[22]

Aqui, o apóstolo Paulo demonstra como os gentios foram levados à obediência por intermédio do poder do Espírito de Deus, manifestado por sinais e maravilhas. Foi o que ele considerou pregação *plena* do evangelho. A mensagem não estaria completa sem uma demonstração do poder de Deus. Essa é a forma pela qual o Senhor diz amém a sua própria obra declarada!

A Bíblia está repleta de histórias de heróis que ganharam a coragem para obedecer a Deus nas circunstâncias mais difíceis por meio de um encontro pessoal com o domínio dos milagres. Nada emociona mais o coração que conhecer a Deus. Ele é infinito em poder. Ele é por nós, não contra nós, e também é grande o suficiente para compensar nossa pequenez. Todavia, ser educado em uma casa em que há pouca ou nenhuma evidência daquilo em que acreditamos deixa desiludida uma geração criada para grandes proezas.

12. Milagres validam a identidade do Filho de Deus e da Igreja...

> Ele veio a Jesus, à noite, e disse: "Mestre, sabemos que ensinas da parte de Deus, pois ninguém pode realizar os sinais miraculosos que estás fazendo, se Deus não estiver com ele".[23]

---

[22] Romanos 15.18,19.
[23] João 3.2.

A promessa "Estarei sempre com vocês" (Mateus 28.20) foi mencionada muitas vezes em toda a Escritura. Sempre foi revelada àqueles que seriam levados a circunstâncias impossíveis — circunstâncias que necessitam de um milagre.[24] A presença do Senhor é reconfortante, mas o doce relacionamento com ele é o que me atrai para um relacionamento de intimidade. Sua presença também é uma provisão do céu planejada a fim de me levar para um lugar de grande coragem para sinais e maravilhas.

Os judeus compreendiam que para haver milagres era necessário Deus estar presente — "Ninguém pode realizar os sinais miraculosos que estás fazendo, se Deus não estiver com ele" (João 3.2). Na Grande Comissão, em Mateus 28.18-20, encontramos a seguinte afirmação: "E eu estarei sempre com vocês, até o fim dos tempos". A presença do Senhor é a garantia de sua intenção de nos usar para realizar milagres. O fato de ele se mover na vida de todos os cristãos é um ato profético que declara seu propósito sobrenatural para seu povo.

Como conseguir poder?

Jesus disse aos indivíduos altamente treinados no sobrenatural que já caminharam na terra: "Não saiam de Jerusalém, mas esperem pela promessa de meu Pai, da qual lhes falei".[25] Lucas afirma isso da seguinte maneira: "Eu lhes envio a promessa de meu Pai; mas fiquem na cidade até serem revestidos do poder do alto".[26] Apesar de estar com ele e ter experimentado seu poder por intermédio do ministério, eles tinham de esperar por *dunamis* — a habilidade de fazer milagres.

---

[24] Veja Moisés, em Êxodo 3.12; Josué, em Josué 1.9; e Gideão, em Juízes 6.12, para saber mais sobre esse assunto.
[25] Atos dos Apóstolos 1.4.
[26] Lucas 24.49.

É como se eles estivessem trabalhando sob a proteção da unção do Senhor. Chegara o tempo em que receberiam sua própria unção por meio de um encontro com Deus. O batismo de fogo lhes proporcionaria o encontro contínuo com o Senhor, e isso os ajudaria a ficar no centro da vontade de Deus *quando* viesse a perseguição.

O batismo no Espírito Santo representa uma imersão no *dunamis* do céu. A habilidade de orar em línguas é alcançada por meio desse dom. Oro em línguas constantemente e sou grato por isso. No entanto, pensar que falar em línguas é o propósito para uma invasão santa é algo embaraçosamente simplista. Seria como dizer que a travessia do rio Jordão por Israel foi o mesmo que tomar posse da terra prometida. É verdade que, ao atravessar o rio, eles chegaram à terra prometida, mas ainda não haviam tomado posse dela! A travessia apenas deu-lhes acesso legal à posse. O maravilhoso batismo no Espírito nos dá acesso. Contudo, ficar às margens e proclamar "A terra é toda minha" é, na melhor das hipóteses, tolice. Tal ignorância levou muitas pessoas a interromper sua busca assim que receberam sua língua espiritual. Elas foram ensinadas que quando falam em línguas estão cheias do Espírito Santo. Um copo só está cheio quando transborda. A plenitude só pode ser medida com o transbordar.

A plenitude de Deus tem de fazer por mim mais que me dar uma língua sobrenatural. Se tudo se resumisse a isso, eu não teria do que reclamar. É um dom glorioso de Deus. O propósito do Senhor é dar-nos mais, é levar-nos a uma parceria divina na qual nos tornamos colaboradores de Cristo. O poder veio para nos tornar testemunhas. Nas Escrituras, quando o Espírito de Deus vem sobre as pessoas, toda a natureza o reverencia. O poder é demonstrado, e as impossibilidades cedem lugar à plena expressão de Deus.

Lendo os sinais

Muitos temem os sinais e as maravilhas por causa da possibilidade de decepção. Portanto, a fim de impedi-la, as pessoas substituem as demonstrações de poder por tradições religiosas, atividades cristãs ou estudo da Bíblia. Elas, muitas vezes, ficam satisfeitas com o conhecimento. Quando isso acontece, quem realmente é enganado?

Os sinais têm um propósito. Não são um fim em si mesmo. Apontam para uma realidade maior. Quando saímos de um prédio, não saímos através do sinal de saída. Quando precisamos extinguir um incêndio, não tentamos debelá-lo com o sinal que aponta para a mangueira de incêndio. O sinal é real. No entanto, ele aponta para uma realidade ainda maior.

Um sinal em uma estrada serve para mostrar o caminho. Sem ele, não temos como saber se estamos onde achamos que estamos. Os sinais não são necessários quando viajamos por estradas familiares. No entanto, preciso deles quando vou para algum lugar em que nunca estive antes. O mesmo acontece neste movimento de Deus. Já chegamos o mais longe que poderíamos com nosso conhecimento sobre as Escrituras. É tempo de permitir que os sinais ocupem seus devidos lugares. Eles ilustram as Escrituras enquanto, o tempo todo, apontam para Jesus, o Filho de Deus. Também confirmam a direção correta às pessoas que abraçaram um evangelho autêntico.

Nenhum de nós compreendemos a salvação até sermos salvos. Ela é um milagre — uma experiência — que nos dá compreensão. O mesmo acontece com os sinais. Eles nos direcionam para a pessoa. Nesse momento, a *experiência* ajudará a abrir aquelas porções das Escrituras que estavam veladas para nós.[27]

---

[27] Relacionamentos firmes e sólidos e prestação de contas são aspectos que nos ajudam a ficar seguros e livres da decepção.

Ninguém, em seu perfeito juízo, afirmaria hoje que compreende tudo o que está escrito na Bíblia. No entanto, sugerir que há mais por vir leva muitos a temer. Livre-se desse sentimento para que tais acontecimentos não passem despercebidos por você.

Como nos relacionamos com o mundo

O capítulo seguinte nos mostrará o que realmente devemos ao mundo e como dar isso a ele.

12
Nossa dívida para com o mundo: um encontro com Deus

A unção do Espírito Santo é sua presença real em nosso ministério.
O propósito da unção é tornar o sobrenatural natural.

A promessa da aliança de Deus, "Estarei com você" (Gênesis 26.3), sempre foi ligada à necessidade de coragem para enfrentar o impossível. Não há a menor sombra de dúvida de que a presença de Deus foi prometida a seus escolhidos a fim de lhes dar segurança diante de circunstâncias menos favoráveis.

Ela é o grande tesouro da humanidade. E sempre será. É essa revelação que possibilitou as explorações revolucionárias do apóstolo Paulo. Foi o que fortaleceu um rei chamado Davi a arriscar a vida para transformar o sistema de sacrifício e adoração. Moisés precisava dessa segurança como homem enviado para enfrentar o faraó e seus conselheiros possuídos pelo demônio. Todos eles necessitavam de incrível confiança para cumprir seu chamado.

Josué teve de assumir a posição de Moisés, o homem com quem Deus falara face a face. E, agora, tinha de liderar Israel levando-o ao local onde Moisés não teve permissão de ir. A palavra de Deus para ele foi de grande encorajamento e exortação: "Estarei com você".[1]

---
[1] Veja Josué 1.5-9.

Gideão também recebeu uma tarefa impossível. Ele era o menor de sua família, que, por sua vez, era a menor de sua tribo, que também era a menor em Israel. No entanto, Deus o escolheu para liderar Israel conduzindo-a à vitória contra os midianitas. Seu encontro é um dos mais interessantes registrados nas Escrituras. A *experiência* trouxe conforto a esse homem hesitante. Deus iniciou a transformação de Gideão com a promessa: "Estarei com você".

A Grande Comissão fornece uma leitura mais interessante àqueles que lembram o tipo de homens a quem Deus entregou algumas missões — gananciosos, orgulhosos, geniosos e egoístas. No entanto, Jesus os chamou para transformar o mundo. Qual foi a palavra de garantia que lhes deu antes que sumissem de sua vida? "Estarei sempre com vocês [...]".[2]

Sabemos que essa promessa é dada a todos os que clamam por salvação em nome do Senhor. Contudo, por que algumas pessoas caminham com maior senso da presença de Deus que outras? Nem todos depositam grande valor nela. Aqueles que desfrutam da comunhão ao longo do dia com o Espírito Santo estão conscientes de como ele se sente sobre suas palavras, suas atitudes e suas atividades. Pensar que podem entristecer o Senhor causa-lhes grande pesar. Sua grande paixão é dar-lhe proeminência em tudo. Essa paixão leva o cristão à vida sobrenatural — aquela em que se observa a atividade constante do Espírito Santo.

Cobertos por Deus

A presença de Deus deve ser percebida na unção. Lembre-se de que unção quer dizer *coberto* — é Deus cobrindo-nos com sua presença cheia de poder. O sobrenatural acontece quando caminhamos na unção!

---

[2] Veja Mateus 28.19-21.

Em grande parte, a unção foi acumulada pela Igreja para a Igreja. Muitos compreenderam de forma equivocada por que Deus nos cobriu consigo mesmo, acreditando ser para nosso próprio deleite. No entanto, precisamos lembrar que no Reino de Deus só conseguimos guardar o que distribuímos. A maravilhosa presença de Deus deve ser levada ao mundo. Se não fosse assim, nossa eficácia diminuiria. Será que ele nos abandona? Não. Todavia, a seguinte afirmação talvez o ajude a esclarecer esse ponto: *O Senhor está em mim para meu próprio bem, mas ele está sobre mim para o seu bem!*

Os ministérios devem ser fortalecidos pelo Espírito, mas também ter um elemento de agregação. "[...] Aquele que comigo não ajunta, espalha."[3] Se nossos ministérios não ajuntam, eles dividem. Ou levamos ao mundo, o que Deus nos deu ou o que recebemos trará divisão. É nossa perspectiva no mundo que nos mantém no centro dos propósitos do Senhor.

A unção nos capacita a promover um encontro entre o mundo e Deus. É o que devemos às pessoas. Por essa razão, todo evangelista zeloso deve clamar por mais unção, e todo cristão deve fazer o mesmo. Quando ficamos cobertos por Deus, essa presença acaba tocando tudo aquilo com que entramos em contato — e é essa unção que quebra os jugos das trevas.[4]

A compreensão mais comum de nossas necessidades de unção encontra-se na pregação da Palavra ou na oração pelos doentes. Essas duas atividades são as formas mais usuais de estimular o encontro. Embora isso seja verdade, é a pessoa com unção contínua que abre muitas oportunidades para o ministério.

Eu costumava frequentar uma loja de produtos naturais. Era daquele tipo em que se ouve música estranha e há muitos livros

---

[3] Lucas 11.23.
[4] Isaías 10.27.

escritos por gurus e guias espirituais. Eu fazia compras ali por causa de um compromisso de levar a luz de Deus aos lugares mais tenebrosos da cidade. Queria que as pessoas vissem o contraste entre o que elas achavam que era luz e o que realmente é Luz. Antes de entrar, eu orava especificamente para que a unção de Deus estivesse sobre mim e fluísse de mim. Andava para lá e para cá ao longo dos corredores orando silenciosamente em Espírito, querendo que Deus enchesse a loja com sua presença. Certo dia, o proprietário veio até mim e disse: "Algo diferente acontece quando você entra na loja". Uma porta se abriu naquele dia, dando-me oportunidades para ministérios futuros. A unção sobre mim me capacitou para o trabalho.

Não subestime essa ferramenta

Jesus estava caminhando em uma rua movimentada, com pessoas vindas de todos os lugares tentando chegar mais perto dele. Uma mulher estendeu a mão e tocou suas vestes. Ele parou e perguntou: "Quem tocou em mim?" (Lucas 8.45). Os discípulos ficaram perplexos com a pergunta porque, para eles, a resposta era muito óbvia: todos os que estavam em volta. No entanto, Jesus prosseguiu dizendo que sentiu poder (*dunamis*) saindo dele. Ele era ungido pelo Espírito Santo. O poder do Espírito Santo saiu de seu ser e fluiu para aquela mulher, curando-a. A unção estava no corpo físico de Jesus, e o mesmo acontece com todo cristão. A fé daquela mulher demandou a unção de Jesus. Ela foi curada, porque a *unção quebra o jugo*.[5]

Um versículo muito popular para receber uma oferta é o seguinte: "Vocês receberam de graça; deem também de graça".[6]

---

[5] Isaías 10.27.
[6] Mateus 10.8.

No entanto, o contexto do versículo é, com frequência, esquecido. Jesus estava referindo-se ao ministério do sobrenatural. Ouça as implicações: "Recebi algo que tenho de distribuir!". O quê? O Espírito Santo. Ele é o maior dom que qualquer pessoa possa receber. E ele habita em mim.

Quando ministramos na unção, realmente distribuímos a presença de Deus — nós o compartilhamos com outros. Jesus prosseguiu seu ensinamento para dizer aos discípulos o que *compartilhar* queria dizer. Incluía coisas óbvias, como: curar doentes, expulsar demônios etc. No entanto, também incluía um aspecto esquecido: "Se a casa for digna, que a paz de vocês repouse sobre ela" (Mateus 10.13). Há um compartilhar real da presença do Espírito Santo que somos capazes de operar nessas situações. É assim que levamos o perdido para um encontro com Deus. Aprendemos a reconhecer a presença dele, cooperamos com sua paixão pelas pessoas e as convidamos a receber a *salvação*.[7]

Ele nos tornou mordomos da presença de Deus. Não é como se pudéssemos manipular e usar a presença do Senhor para nosso próprio propósito religioso. Somos movidos pelo Espírito Santo e, através disso, tornamo-nos colaboradores de Cristo. Dessa posição, convidamos o Espírito Santo a invadir as circunstâncias que se levantam diante de nós.

As formas mais óbvias são por meio da pregação ou da oração por necessidades específicas. Não subestime essa importante ferramenta. Ao examinar as chances de servir, damos ao Espírito Santo a oportunidade para fazer o que ele quer fazer — milagres. Nem todas as pessoas pelas quais oro são curadas. Não chego nem perto de mil curas. No entanto, há muito mais pessoas curadas do que haveria se eu não tivesse orado por ninguém!

---

[7] Salvação — *sozo* — salvação, cura e libertação.

Dê a Deus a chance de fazer o que só ele pode. Ele busca aqueles que estão dispostos a ser *cobertos* pelo Espírito Santo, permitindo que sua presença afete outros para sempre. Um ministro visitante disse-nos recentemente: "A diferença entre você e mim é a seguinte: se oro por uma pessoa morta e ela não é ressuscitada, continuo orando para que pessoas mortas sejam ressuscitadas. Não desista!".

Jesus disse: "Se eu não realizo as obras do meu Pai, não creiam em mim".[8] As obras do Pai são milagres. Até mesmo o Filho de Deus afirmou que os milagres é que validavam seu ministério na terra. Nesse contexto, Jesus também afirmou: "Aquele que crê em mim fará [...] coisas ainda maiores do que estas, porque eu estou indo para o Pai".[9] Os milagres representam grande parte do plano de Deus para este mundo. E eles devem vir por intermédio da Igreja.

Anseio pelo dia em que a Igreja ficará de pé e dirá: "Não acredite em nós a menos que façamos as obras que Jesus fez!". A Bíblia diz que temos de buscar honestamente (e com paixão) os dons espirituais,[10] e que esses dons espirituais nos *fortalecem*.[11] Quais dons? Todos eles.

Ter o céu em nosso íntimo

Devo ao mundo um Espírito cheio de vida, pois devo às pessoas um encontro com Deus. Sem a plenitude do Espírito Santo em mim e sobre mim, não entrego a Deus um vaso submisso do qual ele possa fluir.

---

[8] João 10.37.
[9] João 14.12.
[10] Veja 1Coríntios 14.1.
[11] Romanos 1.11.

A plenitude do Espírito sempre foi o objetivo de Deus durante todo o período da Lei e dos Profetas. A salvação era o objetivo imediato, mas o objetivo supremo na terra era a plenitude do Espírito em todo aquele que crê no Senhor. Levar-nos para o céu, nem de longe, é um desafio tão grande quanto trazer o céu para nosso íntimo. Isso é realizado por intermédio da *plenitude do Espírito* em nós.

A revelação de Jacó

Jacó, patriarca do Antigo Testamento, estava dormindo ao relento quando teve um sonho com uma das revelações mais surpreendentes que um homem poderia receber. Ele viu um céu aberto com uma escada que vinha até a terra. Havia anjos nela, subindo e descendo. Jacó ficou amedrontado e disse: "O Senhor está neste lugar, mas eu não sabia!".[12] A afirmação descreve muito do que testemunhamos no reavivamento nestas últimas décadas — Deus está presente, ainda assim muitas pessoas não têm consciência de sua presença.

Testemunhei o toque de Deus sobre milhares de pessoas no derramamento do Espírito da atualidade — conversões, curas, casamentos restaurados, abandono de vícios e libertação de endemoninhados. A lista de *como vidas foram transformadas* é gloriosamente longa e cresce a cada dia. No entanto, assim como vidas são transformadas, sempre há aqueles que, nessas mesmas reuniões, mal podem esperar pelo fim do culto para sair porta afora. Uma pessoa, ao reconhecer a presença de Deus, é transformada para sempre, e outra mal percebe que poderia ter sido.

---

[12] Gênesis 28.16.

Jesus, o tabernáculo de Deus

O sonho de Jacó apresenta-nos a primeira menção da *casa de Deus* nas Escrituras. Essa casa tinha *a presença do Senhor, uma porta para o céu, uma escada e anjos subindo e descendo do céu para a terra e da terra para o céu*.

Jesus confirma a revelação de Jacó sobre a casa de Deus no planeta Terra, mas faz isso de forma totalmente inesperada. Lemos em João 1.14: "Aquele que é a Palavra tornou-se carne e viveu entre nós". O verbo *viveu*, nesse contexto, quer dizer *habitou* ou "tabernaculou". Jesus é apresentado aqui como o *tabernáculo de Deus na terra*. Em trecho posterior desse mesmo capítulo, Jesus diz que seus seguidores veriam "anjos de Deus subindo e descendo sobre o Filho do homem".[13] Os detalhes da revelação de Gênesis 28 sobre a casa de Deus são vistos na pessoa de Jesus. Essa é uma ilustração da revelação de Jacó.

Jesus passou o bastão

Para nos tornarmos o que Deus intencionou que fôssemos, temos de lembrar que a vida de Jesus foi um modelo do que a humanidade poderia ser se tivesse um relacionamento correto com o Pai. Por meio do derramamento de seu sangue, seria possível a qualquer pessoa que acreditasse em seu nome fazer tudo o que ele fez e tornar-se quem ele era. Portanto, todo verdadeiro cristão teria acesso ao reino de vida no qual Jesus vivia.

Jesus veio como a luz do mundo. Depois, passou o bastão para nós, anunciando que nós somos essa luz. Ele veio como o operador de milagres. Disse que faríamos "coisas ainda maiores" que as que ele fez.[14] A seguir, apresentou a maior surpresa de todas,

---
[13] João 1.51.
[14] João 14.12.

dizendo: "Neste exato momento, o Espírito Santo está com vocês, mas logo ele estará em vocês".[15] Jesus, que ilustra para nós o que é possível àqueles que estão *corretos com Deus*, diz agora que seu povo tem de ser santuário de Deus na terra. Paulo ratifica essa revelação afirmando: "Vocês não sabem que são santuário de Deus e que o Espírito de Deus habita em você",[16] e que são a "morada de Deus por seu Espírito"?[17]

Qual foi a revelação inicial da casa de Deus? Que ela contém a presença de Deus, uma porta para o céu e uma escada na qual anjos descem e sobem. Por que é importante compreender isso? Porque essa revelação demonstra os recursos que estão a nosso dispor para executar o plano do Mestre.

Frank DaMazio, da Igreja City Bible, em Portland, Oregon, tem um grande ensinamento sobre esse princípio e a igreja local. Ele o chama *Igrejas da Porta*. O princípio de ser mordomo do reino celestial torna-se mais que uma tarefa do indivíduo e passa a ser um privilégio de toda uma igreja para o bem de toda a cidade.

Anjos em missão

Os anjos são seres impressionantes. São gloriosos e poderosos. E de tal forma que as pessoas, em geral, prostravam-se para adorá-los. Embora seja tolice adorá-los, é igualmente tolice ignorá-los. Eles têm a tarefa de servir onde quer que sirvamos, *se o elemento sobrenatural é necessário.* "Os anjos não são, todos eles, espíritos ministradores enviados para servir aqueles que hão de herdar a salvação?"[18]

---

[15] Veja João 14.17, paráfrase pessoal.
[16] 1Coríntios 3.16.
[17] Veja Efésios 2.22.
[18] Hebreus 1.14.

Acredito que eles ficam entediados por levarmos uma vida que não requer muito da sua ajuda. A tarefa deles é nos auxiliar nas questões sobrenaturais. Os riscos devem ser assumidos a fim de buscarmos soluções para situações impossíveis. Quando a igreja recuperar seu apetite pelo impossível, os anjos aumentarão suas atividades em meio aos homens.

À medida que o fogo do reavivamento se intensifica, também se intensificam as atividades ao nosso redor. Se os anjos têm a tarefa de nos auxiliar em assuntos sobrenaturais, então deve haver necessidade pelo sobrenatural. Temos de assumir o risco com o propósito de buscar soluções para as situações impossíveis. O evangelho de poder é a resposta para a trágica condição da humanidade. John Wimber disse: "Soletramos fé da seguinte maneira: R-I-S-C-O". Se realmente quisermos mais de Deus, temos de mudar nosso estilo de vida para que a presença manifesta do Senhor se eleve sobre nós. Essa não é uma atitude para tentar manipular Deus. Ao contrário, é uma tentativa ousada de fazê-lo cumprir sua própria palavra para que ele, à medida que obedecemos radicalmente à tarefa que nos legou, diga "Amém" aos milagres.[19] Desafio você a buscar Deus apaixonadamente! E, nessa busca, insista em levar um estilo de vida sobrenatural — aquele estilo de vida que mantém os exércitos do céu ocupados, apresentando o Rei e seu Reino!

Não mande nos anjos

Embora Deus tenha fornecido os anjos para nos auxiliar na comissão, pressuponho que não temos de dar-lhes ordens. Algumas pessoas sentem ter essa liberdade. Entretanto, acredito que essa implicação seja bastante perigosa. Há razões para crer que

---

[19] Marcos 16.20.

eles devem ser comissionados por Deus em resposta a nossas orações.

Daniel precisava de uma resposta de Deus. Ele orou por vinte e um dias. Um anjo, por fim, apareceu e disse-lhe: "Não tenha medo, Daniel. Desde o primeiro dia em que você decidiu buscar entendimento e humilhar-se diante do seu Deus, suas palavras foram ouvidas, e eu vim em resposta a elas. Mas o príncipe do reino da Pérsia me resistiu durante vinte e um dias. Então Miguel, um dos príncipes supremos, veio em minha ajuda, pois eu fui impedido de continuar ali com os reis da Pérsia".[20] Quando Daniel orou, Deus respondeu ao enviar anjos com a solução. O anjo deparou-se com alguma interferência. Daniel continuou a orar, e parece que sua oração ajudou a liberar o arcanjo Miguel, que lutou e libertou o primeiro anjo para entregar a mensagem.

Há muitas outras ocasiões em que os anjos vieram em resposta às orações dos santos. Todas as vezes, eles foram enviados pelo Pai. Acho melhor orar muito e deixar o comando dos anjos para Deus.

Entrar na zona de crepúsculo

Viajo para muitas cidades que, espiritualmente, estão envoltas em trevas. Quando entro nelas, chego a sentir a opressão. Considerando o que represento para essa cidade, seria errado focar as trevas. Jamais quero ficar impressionado com o trabalho do demônio. Venho como a *casa de Deus*. E, assim, tenho uma porta para o céu com uma escada que provê atividades angelicais de acordo com a necessidade do momento. Em outras palavras, *estou aberto para o céu!* Isso não se aplica a um grupo seleto de pessoas. Ao contrário, essa revelação é sobre a casa de Deus, e os

---

[20] Daniel 10.12,13.

princípios dessa casa se aplicam a todos os cristãos. No entanto, apenas um pequeno grupo percebe ou implementa essa bênção *potencial*. Com um céu aberto, torno-me um veículo na mão de Deus para liberar seus recursos nas calamidades da humanidade. Os anjos são comissionados a executar a vontade de Deus. "Bendigam o Senhor, vocês, seus anjos poderosos, que obedecem à sua palavra."[21] O Senhor está disposto a invadir este mundo mais do que estamos dispostos a receber essa invasão. E os anjos desempenham papel fundamental nisso.

Eles respondem a seu comando e fazem valer sua Palavra. Acredito que captam a fragrância do quarto do trono por intermédio da palavra falada pelas pessoas. Eles podem contar quando a palavra se originou no coração do Pai. E, um a um, a reconhecem como sua tarefa.

Recentemente, vi isso acontecer em uma reunião na Alemanha. Antes de a sessão se iniciar, eu estava orando com alguns dos líderes que patrocinavam o encontro. Enquanto orávamos, vi uma mulher, sentada à minha direita, que sofria de artrite na espinha. Essa foi uma breve imagem mental, o equivalente visual de *um murmúrio de uma brisa suave* — muito fácil de passar despercebido. Nessa imagem, pedi a ela que se levantasse e declarei: "O Senhor Jesus cura você!".

Quando a reunião teve início, perguntei se havia alguém que sofria de artrite na espinha. Uma mulher, à minha direita, balançou a mão. Pedi que se levantasse e declarei: "O Senhor Jesus cura você!". E, depois, perguntei a ela onde estava localizada a dor.

Ela chorou, dizendo: "Incrível, mas ela se foi!". Os anjos puseram em ação a palavra que se originou no coração do Pai. No entanto, naquele momento, eu era a *voz da palavra do Senhor*.

---

[21] Salmos 103.20.

Deus, aquele que nos delega poder

Quando Deus escolheu enviar o Messias por intermédio da Virgem Maria, ele enviou o arcanjo Gabriel para levar a mensagem. Quando o apóstolo Paulo estava prestes a sofrer um naufrágio, um anjo do Senhor lhe disse o que aconteceria. Em inúmeras ocasiões ao longo de toda a Escritura, os anjos fizeram o que Deus poderia facilmente ter feito sozinho. Por que Deus não fez ele mesmo essas coisas? Pela mesma razão por que não prega o evangelho: ele escolheu permitir que sua criação desfrutasse o privilégio do serviço em seu Reino. E o serviço com propósito afirma a identidade. Uma autoestima divina deriva-se do fazer "tudo o que lhe agrada" (Salmos 115.3). E o verdadeiro serviço é um transbordar de adoração.[22]

Quando Deus não tem medo de ser diferente

O mundo de Deus tem irrompido no nosso com regularidade na salvação, nas curas e nas libertações. As manifestações dessa invasão variam muito. Elas são muito fascinantes e numerosas para as catalogarmos aqui. Algumas são difíceis de entender à primeira vista, mas sabemos que Deus sempre trabalha de forma redentora.

Em muitas ocasiões, o riso inunda a sala, trazendo cura a corações partidos. Poeira de ouro, algumas vezes, cobre a face, as mãos ou as roupas das pessoas durante o período de adoração ou ministração. Outras vezes, óleo aparece na mão do povo do Senhor, especialmente das crianças. Um vento entra no recinto embora todas as portas, janelas e outras aberturas estejam fechadas. Em alguns locais, os cristãos chegaram a realmente ver uma nuvem

---

[22] Lembre-se, sempre ficamos parecidos com aquele que adoramos. Como ele poderia querer algo mais que isso para nós?

da presença do Senhor acima da cabeça dos que estavam adorando. Também já sentimos a fragrância do céu encher o recinto. Em minha experiência, a fragrância encheu nosso carro enquanto Beni e eu estávamos adorando durante uma breve viagem. A experiência durou cerca de meia hora, e o aroma era tal que eu podia sentir seu sabor, como se grãos de açúcar tivessem sido salpicados em minha boca. Vi pequenas gemas, pedras semipreciosas, que, repentinamente, apareceram nas mãos das pessoas à medida que adoravam a Deus. Desde 1998, temos a experiência de penas que caem durante nossa reunião. De início, achei que pássaros estavam entrando nos condutos do ar-condicionado. No entanto, elas começaram a cair em outros recintos da igreja que não estavam conectados ao mesmo conduto. Agora, caem em quase todos os lugares — aeroportos, casas, restaurantes, escritórios e outros locais.

Mencionei esse fenômeno porque ele parece ofender muitos que abraçam totalmente este movimento de Deus. Jerrel Miller, editor do jornal *The Remnant* [O remanescente], cujo propósito é registrar eventos ligados a esse reavivamento, enfrentou duras críticas quando publicou essa manifestação incomum. Aqueles que criticaram seu relato são participantes desse reavivamento. Assim que fizermos alguns ajustes em nosso sistema de crenças sobre o que Deus pode fazer e faz, é fácil achar que já chegamos o mais longe possível. "Nossas crenças englobam agora o mover de Deus." Nada poderia estar mais longe da verdade. Como as gerações antes de nós, eles estão perigosamente perto de regular a obra de Deus por meio de *uma lista nova e revista de manifestações aceitáveis*. Não vemos mais apenas lágrimas durante uma canção especial ou um período de arrependimento depois de um sermão emocionante. Nossa nova lista inclui cair, tremer, rir etc. O problema é que continua a ser uma lista. E Deus a violará. Ele tem de fazer isso. Precisamos aprender a reconhecer seu movimento ao reconhecer sua presença. Nossas listas servem apenas para revelar nossa compreensão ou experiência atual. Embora eu não busque promover manifestações estranhas nem correr atrás de *novidades*, recuso-me a ficar envergonhado com o que Deus está fazendo. A lista impede-nos de certos tipos de erro, mas também nos impede de alcançar algumas vitórias.

Recusando envergonhar-se com as manifestações de Deus

As manifestações do Senhor, embora ofensivas para muitas pessoas, são ilimitadas em número e revelam-se indicadores simples da presença e do propósito de Deus. Por que são necessárias? Porque o Senhor quer levar-nos mais adiante, e só podemos chegar ali por intermédio dos sinais. Nossa atual compreensão das Escrituras só pode levar-nos até determinado ponto.

Lembre-se de que os sinais são realidades que apontam para uma realidade maior. Se o Senhor os dá a nós, quem pode dizer que não são importantes? Muitos reagem a essa posição porque temem a *adoração do sinal*. Embora esse raciocínio possa ser nobre em sua intenção, é tolice achar que posso executar a tarefa que Deus me confiou *ignorando suas observações* ao longo do caminho. No mundo natural, usamos sinais para ajudar a achar uma cidade, um restaurante particular ou um centro comercial. Eles são práticos. Da mesma forma, os sinais e as maravilhas são parte natural do Reino de Deus. São a forma natural de nos levar da posição onde estamos para aquela em que necessitamos estar. Esse é o propósito dos sinais. Caso os magos não tivessem seguido a estrela, teriam de se contentar em ler as experiências dos outros. Não me contento com isso. Existe diferença entre *adorar sinais* e *segui-los*; o primeiro é proibido, o último essencial. Quando seguimos os sinais do Senhor para ter uma profundidade maior em Deus, seus sinais acompanham-nos, em grande medida, para o bem da humanidade.

Conhecendo o Deus de poder

Sempre que ensino sobre a busca por um evangelho de poder, alguém ocasionalmente abraça minha mensagem com uma afirmação de nossa necessidade de poder, mas lembro a todos da prioridade de conhecer *o Deus de poder*. Palavras verdadeiras, realmente. Há pouco prazer no poder se não houver relacionamento íntimo com Deus. Esse comentário, no entanto, é muitas vezes, religioso em sua natureza. Alguém que tenha paixão pelo poder e pela glória de Deus intimida aqueles que não a têm. Minha fome por seu poder somente é suplantada por meu desejo pelo Senhor. Foi a busca pelo Senhor que me levou a essa paixão pelo evangelho autêntico.

Algo aconteceu em mim que não me permite aceitar um evangelho que não seja apoiado por sinais e maravilhas. Será porque capturei uma revelação de milagres na terra? Não mesmo! A revelação é que me capturou. Descobri que não existe satisfação duradoura na vida à parte das expressões de fé.

Vendo o Senhor como ele é

O capítulo seguinte traz a porção de verdade mais estupenda para nós sobre o que representa ser como Jesus.

13
Nossa identidade neste mundo

Enquanto a maioria da Igreja ainda está tentando ser como Jesus, a Bíblia declara: "[...] porque neste mundo somos como ele".[1]

Jesus foi o servo sofredor que se dirigiu à cruz. No entanto, triunfalmente ressuscitou, ascendeu aos céus e foi glorificado. Na revelação de Jesus Cristo, João o descreve da seguinte forma: "Sua cabeça e seus cabelos eram brancos como a lã, tão brancos quanto a neve, e seus olhos eram como chama de fogo. Seus pés eram como o bronze numa fornalha ardente e sua voz como o som de muitas águas".[2]

A declaração de que "somos como ele" é muito mais abrangente do que poderíamos imaginar; em especial, à luz da descrição glorificada de Jesus em Apocalipse 1. Todavia, o Espírito Santo foi enviado especificamente para esse propósito a fim de que "cheguemos à maturidade, atingindo a medida da plenitude de Cristo".[3]

O Espírito Santo veio com a tarefa suprema no período perfeito. Durante o ministério de Jesus, afirmou-se: "Até então o

---
[1] 1João 4.17.
[2] Apocalipse 1.14,15.
[3] Efésios 4.13.

Espírito ainda não tinha sido dado, pois Jesus ainda não fora glorificado".[4] O Espírito Santo conforta-nos, dá-nos dons, lembra-nos do que Jesus disse e reveste-nos com poder. No entanto, faz tudo isso para *nos tornar semelhantes a Jesus*. Essa é a missão primária. Portanto, por que o Pai não o enviou até Jesus ser glorificado? Porque sem Jesus em seu estado glorificado não haveria *modelo celestial do que deveríamos ser*! Assim como o escultor olha um modelo e esculpe a argila, também o Espírito Santo olha para o Filho glorificado e molda-nos à sua imagem. *Porque neste mundo somos como ele é.*

A vida cristã

A vida cristã não se encontra na cruz. Nós a encontramos *por causa* da cruz. É o poder da ressurreição que energiza o cristão. Isso diminui o valor da cruz? De forma alguma. O sangue derramado do Cordeiro imaculado lavou-nos e retirou de nossa vida o poder e a presença do pecado. NÃO TEMOS NADA SEM A CRUZ! Todavia, ela não é o fim — é o início, a entrada para a vida cristã. Até mesmo para Jesus, ela era algo que deveria ser suportado a fim de obter a alegria que lhe fora proposta![5] *A maioria dos cristãos ainda chora aos pés da cruz. A consciência da humanidade continua olhando fixamente para o Cristo que morreu, não para o Cristo que está vivo. As pessoas estão olhando em retrospectiva para o Redentor que era, não para o Redentor que é.*[6]

Suponha que me tenham perdoado um débito. Eu poderia dizer que *saí do vermelho*. Todavia, depois que meus débitos forem perdoados, ainda não estarei *com saldo positivo* — a menos que

---

[4] João 7.39.
[5] Veja Hebreus 12.2.
[6] LAKE, John G. **His Life, His Sermons, His Boldness of Faith**. Ft. Worth, TX: Kenneth Copeland Publications, 1994. p. 57.

aquele que perdoou minhas dívidas me desse dinheiro. Assim fez Cristo. Seu sangue limpou meu débito de pecado. No entanto, só a ressurreição me fez ficar com *saldo positivo*.[7]

Por que isso é importante? *Porque muda profundamente nosso senso de identidade e de propósito.*

Jesus tornou-se pobre para que eu fosse rico. Ele sofreu com chicotadas para me libertar da aflição e tornou-se pecado para que eu pudesse ser justiça para Deus.[8] Então, por que eu deveria tentar ser *como ele era* quando sofreu para que eu pudesse tornar-me *como ele é?* Nesse ponto, a realidade da ressurreição tem de entrar em jogo em nossa vida — temos de descobrir o poder da ressurreição para todos que creem.[9]

A imitação da cruz

Jesus disse: "Se alguém quiser acompanhar-me, negue-se a si mesmo, tome a sua cruz e siga-me".[10] A compreensão equivocada desse chamado levou muitas pessoas a seguir a vida de autonegação de Jesus, mas ficando aquém de sua vida de poder. Para essas pessoas, a travessia envolve tentar crucificar a natureza pecaminosa ao abraçar o quebrantamento sem alegria como evidência da cruz. No entanto, temos de *segui-lo o caminho todo* — até chegar à outorga de poder da ressurreição!

Quase todas as religiões têm uma cópia da *travessia*. Autonegação, auto-humilhação e coisas similares são atitudes fáceis de ser copiadas pelas seitas deste mundo. As pessoas admiram aqueles que têm disciplinas religiosas. Elas aplaudem e respeitam os que abraçam a pobreza ou suportam a doença em nome da

---

[7] Veja João 10.10.
[8] Veja 2Coríntios 5.21.
[9] Veja Efésios 1.21 e 3.20.
[10] Mateus 16.24.

espiritualidade. Todavia, mostre a essas pessoas uma vida cheia de alegria graças ao poder transformador de Deus, e elas não só aplaudirão, mas também desejarão ser como você. A religião é incapaz de imitar a vida da ressurreição com sua vitória sobre o pecado e o inferno.

Aquele que abraça uma cruz inferior está constantemente tomado pela introspecção e pelo sofrimento autoinfligido. Contudo, a cruz não pode ser autoaplicável — Jesus não se crucificou. Os cristãos que caem na armadilha dessa imitação falam constantemente de suas fraquezas. Se o demônio descobre que não temos interesse pelo mal, ele tenta voltar nosso foco para nossa falta de valor e inabilidade. Isso é fácil de ser observado nas reuniões de oração quando as pessoas tentam projetar grande quebrantamento diante de Deus, esperando obter o reavivamento. Em geral, confessam de novo pecados antigos buscando a verdadeira humilhação.

Em minha busca por Deus, eu frequentemente me preocupava COMIGO! Era fácil pensar que manter-me consciente de minhas falhas e fraquezas significava humildade. Não é! Se eu for o principal sujeito, falando de forma incessante sobre minhas fraquezas, abraço o modo mais sutil de orgulho. Frases repetidas como "Sou indigno" transformam-se em um substituto enjoativo para as declarações do valor de Deus. Ao ficar *vendido* a minha própria injustiça, sou desligado pelo inimigo do serviço eficaz. A perversão da verdadeira santidade acontece quando a introspecção faz minha autoestima espiritual aumentar, e minha eficácia em demonstrar o poder do evangelho diminuir.

O verdadeiro quebrantamento leva-nos à dependência de Deus, movendo-nos à obediência radical que libera o poder do evangelho ao mundo a nossa volta.

Motivação impura

Lutei por muitos anos com a autoavaliação. O maior problema foi jamais encontrar o bem em mim mesmo. Essa autoavaliação sempre me deixava desencorajado, e como resultado surgiam dúvidas que, por fim, levavam à descrença. De alguma maneira, eu acreditava ser essa a forma pela qual poderia tornar-me santo — ao demonstrar muita preocupação por minha motivação.

Talvez soe estranho, contudo não mais examino minha motivação. Não é tarefa minha. Trabalho duro para obedecer a Deus em tudo o que sou e faço. Se *estou fora de prumo* em relação a alguma questão, a tarefa do Senhor é apontar-me isso. Depois de muitos anos em que tentei fazer o que somente o Senhor poderia fazer, descobri que eu não era o Espírito Santo. Não posso convencer-me nem me libertar do pecado. Quero dizer, então, que nunca trato da motivação impura? Não. O Senhor demonstrou estar muito sequioso em apontar minha necessidade constante de arrependimento e transformação. No entanto, é ele que está com o refletor e só ele pode dar graça para a transformação.

Há uma importante diferença entre o cristão que está sendo tratado por Deus e o que se tornou introspectivo. Quando o Senhor busca o coração, encontra coisas em nós que quer transformar. Convence-nos por causa de seu compromisso de nos libertar. Essa revelação fez-me orar da seguinte maneira:

> Pai, o Senhor sabe que não me saio tão bem quando olho para o meu íntimo, portanto deixarei de fazê-lo. Confio que o Senhor apontará para mim aquilo que preciso ver. Prometo permanecer em sua palavra. O Senhor disse que ela é uma espada — por favor, use-a para cortar meu íntimo. Exponha o que em mim não lhe agrada. No entanto, ao fazer isso, dê-me graça, por favor, para que eu abandone tais coisas. Prometo entrar diariamente em sua presença. Derreta meu coração até que ele

se transforme e fique como o de Jesus. Seja misericordioso comigo quanto a essas questões. Também prometo permanecer em comunhão com seu povo. O Senhor disse que o ferro afia o ferro. Que "as feridas feitas pelo que ama"[11] sejam ungidas para que eu volte ao prumo quando estiver resistindo ao Senhor. Por favor, use essas ferramentas para modelar minha vida até que apenas Jesus possa ser visto em mim. Acredito que o Senhor me deu seu coração e sua mente. Por sua graça, sou nova criação. Quero que essa realidade seja vista para que o nome de Jesus receba sempre a maior honra.

Imitando a imitação

Acredito que, em grande parte, a travessia de imitação é abraçada por não exigir fé. Posso facilmente reconhecer minha fraqueza, minha propensão a pecar e minha inabilidade de ser como Jesus. Confessar essa verdade não exige, de forma alguma, fé. Para fazer conforme Paulo ordenou em Romanos 6.13, no entanto — considerar-me morto para o pecado — tenho de acreditar em Deus!

Em seu estado mais fraco, declare: "SOU FORTE!". Concorde com Deus independentemente de como esteja sentindo-se e descubra o poder da ressurreição. Sem fé é impossível agradar a Deus. A fé primeiramente tem de ser exercitada em nossa posição com o Pai.

Quando o Senhor deu a Moisés uma nobre tarefa, este respondeu: "Quem sou eu?". Sem considerar a pergunta, Deus lhe disse: "Estarei com você" (Êxodo 3.11,12). Quando focamos nossa falta, o Pai tenta desviar o foco do assunto e direcioná-lo

---

[11] Provérbios 27.6 (**ARA**). [N. do T.]

para algo que nos leve à fonte e ao fundamento da fé: ele mesmo. O *nobre chamado* revela a nobreza *daquele que chama*.

À parte de Cristo, somos indignos. E é verdade que, sem ele, não somos nada. No entanto, não estou sem ele e jamais permitirei sua ausência novamente! Em que momento começamos a pensar em nosso valor por intermédio dos olhos do Senhor? Se é verdade que a importância de algo é medida pelo preço que se paga, então precisamos repensar nosso valor. Será que reconhecemos quem somos diante de Deus? Por favor, não me entenda mal. Não quero encorajar a arrogância ou a imodéstia. Não estaríamos, entretanto, honrando o Senhor se realmente acreditássemos que ele fez uma obra maravilhosa para nos salvar, e que realmente fomos salvos? Jesus pagou o preço supremo para tornar possível uma mudança de identidade em nossa vida. Não será tempo de acreditarmos nisso e recebermos os benefícios de nossa fé nele? Se não crermos, nossa confiança será destroçada ao nos apresentarmos diante do mundo nestes últimos dias. A ousadia de que precisamos não é autoconfiança, mas a confiança que o Pai tem no trabalho de seu Filho em nós. Não é uma questão de céu ou inferno. É apenas uma questão de quanto do pensamento do inferno permitirei entrar em minha mente celestial.

Não estaríamos honrando o Senhor se nos víssemos como herdeiros de Deus em vez de *pecadores salvos pela graça*? Não seria humildade de nossa parte acreditar que somos preciosos mesmo quando não nos sentimos? Ele não se sentiria honrado se acreditássemos em sua afirmação de que somos livres do pecado? Em algum ponto de nossa jornada, precisamos elevar-nos ao alto chamado de Deus e parar de dizer coisas sobre nós mesmos que não são verdadeiras. Para entrar totalmente na realidade que Deus tem para nós nestes últimos dias de reavivamento, temos de enfrentar o fato de que somos mais que *pecadores salvos pela graça*. A maturidade vem da fé na suficiência da obra redentora de Deus que nos estabeleceu como filhos e filhas do Altíssimo.

Tornando-nos como ele

Porque neste mundo somos como ele. A revelação de Jesus em seu estado glorioso tem, pelo menos, quatro características impressionantes que afetam diretamente a transformação vindoura da Igreja; essas características têm de ser abraçadas como parte do plano de Deus nestas horas finais.

Glória — É a presença manifesta de Jesus. São diversas as histórias de sua presença repousando sobre seu povo. Embora Jesus habite em todos os cristãos, sua glória pousa sobre poucos. Ela é, algumas vezes, vista e, com frequência, sentida. Jesus está retornando para a Igreja gloriosa. E isso não é uma opção.

Línguas de fogo foram vistas sobre a cabeça dos apóstolos no dia de Pentecoste. Em tempos mais modernos, o fogo é visto flamejando sobre o teto dos prédios das igrejas quando o povo de Deus se reúne em seu nome. No reavivamento da rua Azuza, bombeiros foram chamados para debelar uma chama, mas descobriram que as pessoas no interior do prédio estavam apenas adorando a Jesus. A água não poderia dominar o fogo, pois não era fogo natural. Todos os poderes do inferno não poderiam debelá-lo. Apenas as pessoas a quem o fogo foi confiado poderiam. Cristãos bem-intencionados, em geral, tentam controlar como meio o fogo, pensando que, desse modo, servem a Deus. Por outro lado, alguns estimulam a onda de uma chama emocional quando o fogo não está mais lá. Essas duas tendências são expressões do homem carnal — quando o homem carnal está no comando, a glória de Deus tem de ser retirada.

Se o Pai encheu as casas do Antigo Testamento com sua glória, embora fossem construídas por mãos humanas, quanto mais encherá o lugar que constrói com as próprias mãos! Ele nos está construindo em sua habitação eterna.

Poder — Para ser *como ele*, é necessário ser uma expressão contínua de poder. O batismo com o Espírito Santo reveste-nos dos elementos celestiais. Assim como as vestimentas ficam no exterior do corpo, também o poder é a parte visível da Igreja cristã. É o *poder da salvação* — para o corpo, a alma e o espírito.

Muitas pessoas buscam ajuda em médiuns e outros espiritualistas antes de vir para a Igreja. Elas também buscam ajuda médica, legítima ou não, antes de recorrer a nossa oração. Por quê? Porque, em grande parte, não estamos revestidos do poder do céu. Se o tivéssemos, elas o veriam. Se o vissem, viriam até nós.

A falta de poder na Igreja permite que seitas e falsos dons proféticos floresçam. Não haverá competição quando essas falsificações enfrentarem esta geração de Elias que se reveste do poder do céu no monte Carmelo do raciocínio humano.

Triunfo — Jesus conquistou todas as coisas: o poder do inferno, o sepulcro, o pecado e o demônio. Ele ressuscitou dos mortos, ascendeu à direita do Pai e foi glorificado acima de todos. Todo nome e poder foram postos debaixo de seus pés. Ele nos chama *seu corpo* — e esse corpo tem pés. Em linguagem figurada, ele está dizendo que a parte mais baixa de seu corpo tem autoridade sobre as mais altas de todas as outras coisas. Essa vitória não significa que vivemos sem batalhas; simplesmente diz que nossa vitória está assegurada.

A atitude daqueles que vivem *do* triunfo de Cristo é diferente da atitude daqueles que vivem sob a influência de seu passado. A única parte do passado à qual temos acesso legal é o *testemunho do Senhor*.[12] O resto está morto, enterrado, esquecido e coberto sob o sangue. O passado não deve ter efeito negativo na forma pela qual vivemos, uma vez que o sangue de Jesus é mais que suficiente. Viver de vitória em vitória é o privilégio de todo cristão. Essa realização está no fundamento de uma Igreja que triunfará como ele triunfou.

Santidade — Jesus é perfeitamente santo — separado *de* todo o mal, estando *em* tudo o que é bom. Santidade é a linguagem por intermédio da qual a natureza de Deus é revelada. O salmista escreveu: "na beleza da sua santidade" (Salmos 96.9; *ARA*). A santidade na Igreja revela a beleza de Deus.

Nossa compreensão desse assunto, mesmo em certas épocas de reavivamento, foi muitas vezes centrada em torno de nosso comportamento — o que podemos ou não fazer. Entretanto, o que no passado foi incorretamente reduzido a uma lista do que nos é permitido fazer logo se tornará a maior revelação de Deus que o mundo já viu. Ao passo que o poder demonstra o coração de Deus, a santidade revela a beleza de sua natureza. Esta é a hora do grande desvelamento da beleza da santidade.

Conclusão

Zacarias recebeu uma promessa de Deus que estava além de sua compreensão: ele teria um filho, apesar de sua idade avançada. Por ser difícil acreditar, pediu ao Pai que lhe confirmasse a revelação. Ao que parece, um anjo falar com ele não era sinal suficientemente grande! Deus o silenciou por nove meses. Em geral, ele silencia a voz da descrença quando as palavras podem afetar o resultado de uma promessa. Quando Zacarias viu a promessa de Deus cumprida e escolheu nomear seu filho conforme lhe fora

---

[12] Veja Salmos 119.111.

ordenado, contrariando o desejo de seus parentes, Deus soltou sua língua. A obediência que se opõe à opinião popular serve para reintroduzir alguém na fé pessoal. E essa é a fé que se opõe à compreensão.

Maria também recebeu uma promessa que ia além de sua compreensão: ela daria à luz o Filho de Deus. Por não entender o que estava acontecendo, perguntou como isso seria possível, uma vez que era virgem. Compreender uma promessa de Deus nunca foi pré-requisito para seu cumprimento. Ignorância pede compreensão; descrença pede prova. Maria não se comportou como Zacarias, porque ela, embora não compreendesse, submeteu-se à promessa. O clamor dessa mulher continua a ser uma das mais importantes expressões que a Igreja pode aprender hoje — "Sou serva do Senhor; que aconteça comigo conforme a tua palavra" (Lucas 1.38).

Já discutimos uma promessa incrível, de importância suprema para a Igreja. Há poucas coisas mais longe de nosso alcance que a afirmação: *porque neste mundo somos como ele.* E, portanto, podemos escolher: ter a mesma reação de Zacarias e ficar sem nossa voz, ou trilhar o caminho de Maria e convidar Deus a restaurar para nós as promessas que não podemos controlar.

Essa identidade estabelece segurança no caráter à medida que nos engajamos na guerra espiritual. O capítulo seguinte fornece-nos a percepção necessária para sermos bem-sucedidos na guerra!

14
Guerreando para invadir!

> *O cristão verdadeiro é um guerreiro real. Ele é aquele que ama entrar na batalha com toda sua alma e levar cativa a situação para o Senhor Jesus Cristo!*[1]

Por muito tempo, a Igreja ficou na defensiva na batalha pelas almas. Ouvimos o que alguma seita ou partido político planeja fazer e reagimos criando estratégias para nos opor aos planos dos inimigos. Comitês são formados para combater qualquer coisa que o demônio faça ou esteja prestes a fazer, conselhos discutem o assunto, e pastores oram contra esses projetos. Talvez você se surpreenda com isso, mas não ligo a mínima para quais sejam os planos demoníacos. A Grande Comissão me leva a assumir uma posição de ataque. Estou com a bola. E, se levá-la de forma bem-sucedida, os planos de nosso inimigo não têm a menor relevância.

Mentalize um time de futebol disputando a bola no meio do campo. O técnico grita a jogada, e o zagueiro se comunica com o atacante. O ataque do time adversário fica em segundo plano. Os zagueiros deles ficam posicionados para esse ataque, mas não

---
[1] LAKE, op. cit., p. 205.

estão com a bola nem estão no local da jogada. Agora imagine o ataque prestando atenção às ações intimidantes do adversário. Enredados nesse movimento agressivo, os zagueiros saem de campo correndo a fim de avisar o técnico que é melhor escalar uma defesa mais poderosa porque o outro time está prestes a usar uma jogada que os surpreenderá.

Por mais tolo que possa parecer, essa é condição de grande parte da Igreja de hoje. Satanás revela seu plano de nos pôr na defensiva. O demônio ruge, e agimos como se tivéssemos sido mordidos. Temos de parar com essa tolice, bem como parar de louvar o demônio com discussões incessantes sobre *o que está errado no mundo por causa dele*. Estamos com a bola. Os cristãos do passado olham com empolgação quando o *ataque de dois minutos* entra em campo. O potencial superior da geração atual não tem nada que ver com nossa bondade, mas tem tudo que ver com o plano do Mestre de nos fazer nascer neste momento da história. Somos capazes de ser o pior pesadelo do inimigo.

Por que Satanás deixa escapar seus próprios segredos

Acredito sinceramente que Satanás permite que suas estratégias se tornem conhecidas para que reajamos de acordo com elas. Ele gosta de estar no controle. E está onde não estamos. As reações resultam do medo.

Não temos de ficar *esperando até que Jesus venha*! Somos um corpo de pessoas comprado pelo sangue, cheio do Espírito Santo e comissionado por Deus a fim de que *tudo* o que ele falou venha a acontecer. Quando planejamos de acordo com o plano do demônio, revestimo-nos automaticamente da mentalidade errada. As atitudes incorretas podem tornar-se exatamente o *baluarte em nosso pensamento* que convida o assalto legal do inferno. Assim, nossos medos transformam-se em profecias que se cumprem.

Os segredos bíblicos da guerra

A guerra espiritual é inevitável, e ignorar esse assunto não a fará desaparecer. Portanto, temos de aprender a batalhar com autoridade sobrenatural! Os princípios a seguir são, com frequência, percepções ignoradas:

1. *"Quando o faraó deixou sair o povo, Deus não o guiou pela rota da terra dos filisteus, embora este fosse o caminho mais curto, pois disse: 'Se eles se defrontarem com a guerra, talvez se arrependam e voltem para o Egito' "*.[2]

Deus é cuidadoso com o que podemos lidar em nosso estado atual. Ele nos leva para longe de qualquer guerra que nos possa fazer voltar e abandonar nosso chamado. A implicação é que ele nos leva à batalha que estamos preparados para vencer.

O lugar mais seguro nessa guerra é a obediência. Quando estamos no centro da vontade de Deus, enfrentamos apenas as situações para as quais estamos preparados para vencer. É fora do centro da vontade de Deus que muitos cristãos caem, enfrentando pressões indevidas que são autoinfligidas. A vontade do Senhor é o único lugar seguro para nós.

2. *"Preparas um banquete para mim à vista dos meus inimigos."*[3]

Deus não se intimida de forma alguma com as artimanhas do inimigo. De fato, Deus quer ter comunhão conosco bem diante dos olhos do demônio. A intimidade com o Pai é nossa melhor vestimenta. Jamais permita que algo o desvie desse ponto de força. Muitas pessoas ficam demasiado voltadas à "batalha intensa" para o próprio bem delas. Essa intensidade, com frequência,

---

[2] Êxodo 13.17.
[3] Salmos 23.5.

envolve demonstrações da força humana — não da graça de Deus. Escolher a mentalidade da "batalha intensa" leva-nos a desviar da alegria e da intimidade com Deus. É um indício de que nos desviamos de nosso *primeiro amor*.[4] A intimidade de Paulo com Deus o capacitou a afirmar, enquanto estava em uma prisão romana infestada de demônios: "Alegrem-se sempre no Senhor. Novamente direi: Alegrem-se!" (Filipenses 4.4).

> 3. *"[...] sem de forma alguma deixar-se intimidar por aqueles que se opõem a vocês. Para eles isso é sinal de destruição, mas para vocês, de salvação, e isso da parte de Deus."*[5]

Quando nos recusamos a temer, o inimigo fica aterrorizado. Um coração confiante é sinal claro de sua destruição última e de nossa vitória atual! Não tema — jamais. Retorne às promessas de Deus, gaste tempo com as pessoas de fé e busque encorajar os outros com os testemunhos do Senhor. Louve a Deus por quem ele é até que o medo não mais bata à porta. Essa não é uma opção, pois o medo realmente convida o inimigo a vir matar, roubar e destruir.

> 4. *"Portanto, submetam-se a Deus. Resistam ao Diabo, e ele fugirá de vocês."*[6]

A submissão é a chave para o triunfo pessoal. Nossa principal batalha na guerra espiritual não é contra o demônio. É contra a carne. Sujeitar-se a Deus põe os recursos do céu a nossa dis-

---

[4] Veja Apocalipse 2.4.
[5] Filipenses 1.28.
[6] Tiago 4.7.

posição para uma vitória duradoura — outorgando o que já foi obtido no Calvário.

5. *"E eu lhe digo que você é Pedro, e sobre esta pedra edificarei a minha igreja, e as portas do Hades não poderão vencê-la."*[7]

Não fui deixado no planeta Terra para ficar escondido à espera do retorno de Jesus. Estou aqui como um representante militar do céu. A Igreja está no ataque. Essa é razão por que *as portas do Hades* — as portas do inferno, o local do governo e da força demoníaca — não poderão vencer a Igreja.

6. *"Deus fez proliferar o seu povo, tornou-o mais poderoso do que os seus adversários, e mudou o coração deles para que odiassem o seu povo, para que tramassem contra os seus servos."*[8]

Primeiro, Deus deixa-nos forte e, depois, estimula o ódio do demônio em relação a nós. Por quê? Não é porque ele quer criar problemas para sua Igreja. É porque ele gosta de ver o demônio derrotado por aqueles que são feitos a sua imagem, os que, por escolha, têm um relacionamento de amor com ele. Somos sua autoridade delegada. O deleite do Senhor é que façamos cumprir o triunfo de Jesus, "para executarem a sentença escrita contra eles. Esta é a glória de todos os seus fiéis. Aleluia!".[9]

7. *"Cante de alegria o povo de Selá, gritem pelos altos dos montes. [...] O Senhor sairá como homem poderoso, como guerreiro despertará o seu zelo; com forte brado e seu grito de guerra, triunfará sobre os seus inimigos."*[10]

---

[7] Mateus 16.18.
[8] Salmos 105.24,25.
[9] Salmos 149.9.
[10] Isaías 42.11,13.

Nosso ministério para Deus é um dos privilégios mais importantes na vida de qualquer pessoa. Todavia, ele também nos edifica e destrói os poderes do inferno!

É surpreendente pensar que posso louvar a Deus, que sua paz pode encher minha alma, e que ele diz que sou um poderoso homem de valor. Tudo o que fiz foi adorá-lo. Ele destruiu os poderes do inferno por mim e deu-me os "pontos" por essa vitória.

Isso, sem sombra de dúvida, não representa uma lista completa. Só serve para que nossa perspectiva da guerra espiritual deixe de ser religiosa e carnal e se ajuste à mentalidade do Reino. Arrependa-se, mude sua forma de pensar, e será capaz de ver como o Reino de Deus está bem à mão.

Nascemos em uma guerra. Não temos intervalos, férias nem licença. O local mais seguro é o centro da vontade de Deus, o lugar de profunda intimidade. Ali, ele permite que, em nosso caminho, só haja batalhas para as quais estamos preparados para vencer.

Esse não só é o lugar mais seguro, como também o mais alegre para todos os cristãos. Fora da intimidade, temos grande probabilidade de perder o maior espetáculo da terra. Esse é o assunto do capítulo seguinte.

15

Como um reavivamento pode passar despercebido

O reavivamento é o centro da mensagem do Reino, pois é nele que vemos claramente com o que se parece seu domínio e como ele afeta a sociedade. O reavivamento, em seu auge, é: "Venha o teu Reino". De certa forma, ele ilustra a vida cristã normal.

Antes da vinda do Messias, os líderes religiosos oravam e ensinavam sobre ela. Havia empolgação no mundo todo, até na sociedade secular, sobre algo maravilhoso que estava prestes a acontecer. E, depois, em uma manjedoura, em Belém, Jesus nasceu.

As pessoas que observavam as estrelas sabiam quem ele era e viajaram grandes distâncias para adorá-lo e dar-lhe presentes. O demônio também sabia disso e moveu Herodes para matar todos os primogênitos meninos em uma tentativa de pôr fim ao plano de Jesus de redimir a humanidade. Depois de falhar em seu intento, ele procurou fazer Jesus pecar com a tentação no deserto. Ainda mais surpreendente é que essa visitação não passou despercebida pelo homem possuído por demônios. Esse homem era da *região dos gadarenos*. Quando viu Jesus, prostrou-se diante dele em adoração e logo foi libertado de sua vida de tormento. No entanto, os líderes religiosos que oraram pela vinda de Jesus não o reconheceram quando ele veio.

Paulo e Silas pregaram o evangelho em toda a Ásia menor. Os líderes religiosos disseram que eles eram perturbadores da ordem. No entanto, a moça possuída por demônios que fazia adivinhações disse que eles eram de Deus. Como é possível que aqueles considerados espiritualmente cegos são capazes de ver, e aqueles conhecidos por suas percepções não reconhecem o que Deus está fazendo?

A história está cheia de pessoas que oraram por uma visitação de Deus e não perceberam quando ela veio. E isso aconteceu embora algumas delas tivessem um forte relacionamento com Deus.

Um tipo diferente de cegueira

Muitos cristãos têm uma cegueira que o mundo não tem. O mundo conhece suas necessidades. No entanto, muitos cristãos, assim que nascem de novo, param gradualmente de reconhecer as necessidades que os afligem. Há algo sobre o desespero por Deus que capacita uma pessoa a reconhecer se algo é proveniente dele ou não. Jesus falou a respeito desse fenômeno, dizendo: "Eu vim a este mundo para julgamento, a fim de que os cegos vejam e os que veem se tornem cegos".[1]

O testemunho da História e o registro das Escrituras alertam-nos sobre a possibilidade desse erro. "Assim, aquele que julga estar firme, cuide-se para que não caia!"[2] Mateus afirma que aquele que não pode ver tem o *coração insensível*.[3] Uma faca sem corte é aquela que foi usada. A implicação dessa afirmação é que o *insensível de coração* tinha uma história com Deus, mas não se

---
[1] João 9.39.
[2] 1Coríntios 10.12.
[3] Veja Mateus 13.15.

manteve atualizado quanto ao que Deus estava fazendo. Mantemos *a faca afiada* quando reconhecemos nossa necessidade e buscamos, com paixão, a Jesus. Esse *primeiro amor*, de alguma maneira, mantém-nos seguros no centro das atividades de Deus na terra.

A igreja de Éfeso recebeu uma carta de Deus. Nela, Jesus aborda o fato de que eles abandonaram seu primeiro amor. O primeiro amor, por natureza, é apaixonado e domina todas as outras questões na vida de alguém. Se eles não corrigissem esse problema, Deus disse que lhes removeria o "candelabro". Embora os teólogos não concordem sobre o que esse candelabro quer dizer, uma coisa é certa: uma lâmpada capacita-nos a ver. Sem ela, a igreja de Éfeso perderia suas habilidades perceptivas. A cegueira ou insensibilidade mencionada antes nem sempre leva ao inferno. Ela apenas não nos leva à plenitude do que Deus tem preparado para nós enquanto estamos aqui na terra. Quando a paixão morre, a lâmpada da percepção é, por fim, removida.

Permanecendo atualizado

Esse fenômeno já foi observado na história da Igreja. Aqueles que rejeitam um movimento de Deus, em geral, são os últimos a experimentar uma mudança. Isso não é verdade para todos, pois há sempre aqueles cuja fome por Deus só faz aumentar com o passar do tempo. Contudo, muitos incorporam uma atitude de que *já chegaram*, embora não perfeitamente, até o ponto em que Deus queria que estivessem. Eles pagaram o preço para experimentar *o* movimento de Deus.

Assim, chegam a imaginar: "Por que Deus fez algo novo sem nos mostrar isso antes?". Deus é um Deus das coisas novas. Para termos fome do Senhor, é preciso que abracemos as mudanças trazidas pelas *coisas novas* dele. A paixão por Deus mantém-nos viçosos e capacita-nos a reconhecer a mão do Senhor, mesmo quando outros a rejeitam. Esse movimento atual exige isso de nós. O medo da decepção é engolido pela confiança de que Deus é capaz de nos impedir de cair.[4]

Sou grato pelos muitos santos maduros que consideram esse movimento atual uma dádiva do céu. Muitos historiadores da Igreja já declararam que esse reavivamento é genuíno. Viram que dá o mesmo fruto e causa a mesma empolgação na Igreja que reavivamentos anteriores. É encorajador ouvir vários teólogos afirmar que esse reavivamento é um movimento verdadeiro de Deus. Todavia, não é selo de aprovação deles que busco.

Sempre que os grandes líderes da Igreja se levantam e declaram que esse é um reavivamento, fico encorajado. Isso aconteceu em minha própria denominação. Contudo, isso não me interessa tanto quanto a verdadeira marca do reavivamento. Em sua sabedoria, o Senhor criou coisas de tal forma que, quando ele se move, o mundo em geral percebe isso primeiro, antes dos próprios cristãos. Busco a resposta dos endemoninhados. São os dependentes químicos, os ex-opositores do evangelho e as prostitutas que quero ouvir. Quando Deus se move com o poder do reavivamento, essas pessoas observam, não como críticos, mas como aquelas que têm grande necessidade de Deus. E estamos ouvindo essas pessoas, e grande número delas. Estão sendo transformadas, dizendo: "Só Deus poderia fazer essa mudança em minha vida. Isso é Deus!".

Estar em posição de grande necessidade capacita a pessoa a detectar quando Deus está fazendo algo novo. A *posição de grande necessidade* não tem de ser a dependência química nem

---

[4] Veja Judas 24.

a prostituição. Todo cristão deve sempre ter um coração desesperado por Deus. Estamos em grande dificuldade! Jesus tratou desse assunto com estas palavras: "Bem-aventurados os pobres em espírito, pois deles é o Reino dos céus".[5] Permanecer pobre em espírito, juntamente com *a paixão do primeiro amor por Jesus,* é a chave que Deus criou para nos ancorar no centro de sua obra.

Como os santos não percebem o movimento de Deus

Andrew Murray é um dos grandes santos de Deus desde o início do século XX. Ficou conhecido por ser um grande professor, com paixão pela oração. Seus clamores por reavivamento são lendários. Quando visitou o País de Gales para examinar o reavivamento de 1904, foi movido pela impressionante presença de Deus. No entanto, saiu de lá achando que se ficasse poderia, sem perceber, contaminar a pureza da obra de Deus. Não pressionou o reavivamento pelo qual estivera orando.

Movimentos de Deus em geral vêm com um estigma — algo que não é atraente, além de ser considerado repulsivo por alguns. Falar em línguas passou a ser o estigma do século XX e muitos não estavam dispostos a ter esse dom. G. Campbell Morgan, o grande homem de Deus e expositor da Bíblia, rejeitou o reavivamento pentecostal, denominando-o *o último vômito do inferno*! Aguentar a reprovação em geral é uma exigência para caminhar no reavivamento.

Assim que uma pessoa nasce de novo, parece haver pouco incentivo para que a mente natural busque mais daquilo que traz desgraça. E é essa ausência de desespero que leva as pessoas a não perceber Deus.

---

[5] Mateus 5.3.

Suportar a reprovação

Maria recebeu o anúncio mais chocante que uma pessoa poderia receber. Daria à luz um menino, Cristo. Foi escolhida por Deus, sendo chamada de "agraciada por Deus".

Esse favor começou com a visitação de um anjo. Experiência amedrontadora! Depois, ela recebeu as novas incompreensíveis e impossíveis de explicar. O choque inicial foi seguido pelo dever de contar isso a José, seu futuro marido. A resposta dele foi "anular o casamento secretamente".[6] Em outras palavras, ele não acreditava que era Deus e não queria seguir adiante com os planos do casamento. Afinal, onde se encontravam o capítulo e o versículo para essa manifestação de Deus para com seu povo? Isso nunca tinha acontecido antes. Não havia precedente bíblico de uma virgem dando à luz uma criança.

Além desse óbvio conflito com José, Maria, por todos os dias de sua vida, teria de suportar o estigma de ser mãe de um filho ilegítimo. O favor da perspectiva do céu nem sempre é tão agradável do nosso ponto de vista.

Aqueles que experimentam o reavivamento, como Maria, têm encontros espirituais que estão além de nossa razão. Raras vezes, compreendemos imediatamente o que Deus está fazendo e a razão para esse movimento. Algumas vezes, nossos amigos mais queridos querem *remover-nos* dessa experiência, declarando que o movimento é do demônio. E também há o fato de sermos *marginalizados* pelo resto do Corpo de Cristo. A disposição de suportar a reprovação de nossos irmãos e irmãs faz parte do custo que pagamos pelo mover do Espírito.

"Assim, Jesus também sofreu fora das portas da cidade [...]. Portanto, saiamos até ele, fora do acampamento, suportando a

---

[6] Veja Mateus 1.19.

desonra que ele suportou."[7] O reavivamento, em geral, leva-nos para fora do campo — para fora da comunidade religiosa. E este é o lugar em que o Senhor, com frequência, está: *fora do campo!*

O estigma, por si só, não é garantia de que o que estamos experimentando é um movimento verdadeiro de Deus. Algumas pessoas são acusadas por causa da heresia, da impureza e do legalismo. A tensão embaraçosa de ser contado entre essas pessoas é o que torna o verdadeiro estigma muito mais difícil de suportar. Daniel conhecia esse conflito íntimo. Ele permaneceu verdadeiro a seu chamado apesar de ser considerado, pelo rei e sua corte, *apenas outro encantador*.

O céu agora ou o céu aqui

Conforme já afirmamos, sufocar o Espírito, provavelmente, é o fator responsável pelo fim de mais reavivamentos que qualquer outra causa. Até mesmo aqueles que abraçaram o movimento de Deus com frequência chegam a um lugar em que sua zona de conforto é estendida até onde estão dispostos a caminhar. A seguir, começam a buscar um local para se assentar — um local de compreensão e controle.

A segunda maior razão para o fim do reavivamento é que a Igreja começa a buscar o retorno do Senhor, em vez de buscar um avanço muito maior na Grande Comissão. *Esse tipo* de fome pelo céu não é encorajado nas Escrituras. Ele transforma a esperança abençoada em fuga abençoada. Querer que Jesus retorne agora é o mesmo que sentenciar bilhões de pessoas a passar toda a eternidade no inferno. Isso não quer dizer que não devemos ansiar pelo céu. Paulo disse que esse anseio devia ser um conforto para o cristão. No entanto, buscar o fim de todas as coisas é pronunciar

---

[7] Hebreus 13.12,13.

um julgamento para toda a humanidade que vive fora de Cristo. Até mesmo Paulo não queria retornar aos coríntios até que obediência deles estivesse completa. Será que Jesus, aquele que pagou por todos os pecados, está sequioso para voltar antes da final e grande colheita? Acho que não.

Acredito que o desejo da Igreja de estar no céu agora é, na realidade, a falsificação do *buscar primeiro o Reino de Deus*. Há diferença entre clamar pelo *céu agora* e pelo *céu aqui!* Se um reavivamento nos levar ao *fim* de nossos sonhos, isso quer dizer que alcançamos o fim do Senhor? Um reavivamento tem de ir além de tudo o que poderíamos imaginar. Qualquer coisa menor que isso fica aquém do desejo do Senhor.

Muitos reavivalistas alcançaram avanços tão relevantes que consideraram que o retorno do Senhor estava próximo. Falharam em preparar a Igreja para fazer o que tinha o dom para fazer. Em razão disso, tocaram multidões, em vez de nações e gerações.

Devemos planejar como se tivéssemos uma vida inteira para viver, mas trabalhar e orar como se tivéssemos muito pouco tempo.

Encontros íntimos

Os discípulos, que estavam acostumados com o fato de Jesus os surpreender em cada quebrada da estrada, descobriram-se em outra situação incomum: esperando pela promessa do Pai — qualquer que fosse ela. Os dez dias que passaram juntos, sem dúvida, serviram para que expressassem sua tristeza em conversas tolas sobre quem era o maior entre eles e quem nunca abandonaria o Senhor. Algo dessa natureza deve ter acontecido, porque eles ainda estavam juntos sem que Jesus estivesse ali para manter a paz.

Estavam prestes a ter um encontro que eclipsaria todas as experiências anteriores. Deus estava prestes a saturá-los com sua presença, tomando o poder que eles viam fluir de Jesus e fazendo-o explodir entre eles. Esse ato, desde o momento em que o homem abandonou o chamado de subjugar a terra, lá em Gênesis, seria a culminação dos esforços de Deus para restaurar e para comissionar. E se tornaria a marca de água mais elevada para toda a humanidade — de todos os tempos.

Dez dias já se haviam passado, o Pentecoste viera e eles ainda estavam orando como fizeram nos outros nove dias. E "de repente [...]".[8] Um quarto com 120 pessoas estava agora cheio com o som de vento, fogo e expressões extáticas de louvor proferidas em línguas conhecidas e desconhecidas.[9]

Independentemente de como as pessoas interpretaram a instrução de Paulo para o uso dos dons espirituais, temos de concordar com uma coisa: a reunião foi inteiramente dirigida pelo Espírito Santo. Essa Igreja que acabara de nascer não havia aprendido o suficiente para experimentar e controlar Deus. Eles ainda não haviam desenvolvido tendências sobre o que era e o que não era aceitável. Não tinham um padrão fundamentado na Bíblia ou na experiência para o que estava acontecendo. Observe os elementos desse culto direcionado pelo Espírito:

1. Eles estavam orando.
2. Eles estavam unidos.
3. Todos falavam em línguas.
4. Descrentes ouviram essas línguas.
5. Pessoas foram salvas.[10]

---

[8] Atos dos Apóstolos 2.2.
[9] Atos dos Apóstolos 2.4-11.
[10] Existe a possibilidade de que as instruções de Paulo sobre o uso apropriado dos dons tenham sido dadas para definir Atos dos Apóstolos 2, em vez de Atos dos Apóstolos 2 ilustrar a interpretação apropriada da instrução de Paulo em 1Coríntios 12 e 14?

Considere a situação difícil que esse grupo de Atos dos Apóstolos enfrentou: eles acabaram de ter um encontro com Deus sem nenhum capítulo e versículo para explicar o que acabara de acontecer. Pedro, sob a direção do Espírito Santo, escolheu usar Joel 2 como o fundamento necessário para aquela experiência. Joel 2 declara que haveria um derramamento do Espírito Santo envolvendo profecias, sonhos e visões. Em Atos dos Apóstolos 2, o derramamento aconteceu conforme prometido, mas nenhuma das coisas mencionadas por Joel estava presente. Ao contrário, o episódio teve som de vento, fogo e línguas. Foi Deus quem usou essa passagem para apoiar a nova experiência.

O fato mesmo que parece uma interpretação imprópria das Escrituras deve revelar que, em geral, somos nós que abordamos o livro do Senhor incorretamente. A Bíblia não é um livro de listas que limitam ou cercam Deus. A Palavra não contém Deus — ela o revela. Joel 2 revelou a natureza da obra de Deus em meio aos homens. Atos dos Apóstolos 2 foi uma ilustração de qual era a intenção de Deus com essa profecia.

Ser ou não ser ofensivo

Muitos cultos de igreja são planejados para ser o menos ofensivos possível. O pressuposto é que qualquer uso dos dons do Espírito fará as pessoas sair correndo, afastando-as do evangelho. Elas já estão afastadas.

Para a maior parte, a adoração expressiva, a ministração dos dons espirituais e ações similares só servem para afastar os cristãos que tiveram uma experiência infeliz em que aprenderam a se opor a essas manifestações. E muitos desses mesmos indivíduos se voltam para essas coisas quando enfrentam uma situação impossível e precisam de ajuda de alguém experiente no poder do evangelho.

A igreja tem um vício doentio pela perfeição: do tipo que não permite espaço para desordem. Esse padrão só pode ser alcançado com a restrição ou a rejeição do uso dos dons do Espírito. "Mas tudo deve ser feito com decência e ordem."[11] O "tudo" desse versículo se refere à manifestação do Espírito Santo. Portanto, *tudo deve ser feito* antes que tenhamos o direito de discutir a ordem.

Manter as coisas organizadas tornou-se nossa grande comissão. Os dons do Espírito interferem em nosso impulso por ordem, e a ordem passou a ser valorizada em demasia. Então, por que valorizamos uma desordem ocasional? "Onde não há bois o celeiro fica vazio, mas da força do boi vem a grande colheita."[12] As desordens são necessárias para o crescimento.

Quanto é importante crescer para Deus? Jesus, certa vez, amaldiçoou uma figueira por não dar frutos fora de época![13] Em uma de suas parábolas, um homem foi lançado nas trevas por ter escondido seu dinheiro, não permitindo, assim, que rendesse algo para seu mestre.[14]

Há grande diferença entre as vinhas e as creches. Na primeira, encontramos ordem perfeita, e, na última, vida. Uma pessoa que não tenha filhos, ao entrar na creche da igreja e observar todas as atividades alegres das crianças, pode, de forma equivocada, dizer que esse lugar está em desordem. Se a creche for comparada com sua sala, certamente está em desordem. Contudo, quando uma mãe entra na creche e vê os filhos brincando com outras crianças, acha que tudo está perfeito! É uma questão de perspectiva. A ordem tem o propósito de promover a

---

[11] 1Coríntios 14.40.
[12] Provérbios 14.4.
[13] Veja Marcos 11.13,14.
[14] Veja Mateus 25.24-30.

vida. E, se passar desse ponto, ela se opõe a todas as coisas que valorizamos.

Em cuja imagem

Não percebemos Deus quando vivemos como se já o tivéssemos compreendido. Temos o hábito de fazê-lo parecido conosco. Na verdade, se achamos que compreendemos Deus, provavelmente o conformamos à nossa imagem. É preciso haver mistério em nosso relacionamento com aquele que tem o propósito de trabalhar além do que nossa imaginação é capaz de conceber.[15] Esforçar-se por conhecê-lo é embarcar em uma aventura em que as perguntas aumentam.

Nosso desejo por reavivamento, nascido em Deus, tem de nos manter suficientemente desesperados para reconhecê-lo quando ele vem a nós. Sem esse desespero, ficamos satisfeitos com nossa posição atual e passamos a ser nossos maiores inimigos na mudança da história.

A história não pode ser mudada de forma eficaz até que estejamos dispostos a pôr a mão *na massa*. Fazemos isso quando abraçamos o chamado para nos infiltrar no sistema babilônio, o assunto do capítulo seguinte.

---

[15] Veja Efésios 3.20.

16
Infiltrando-nos no sistema

"Com que compararei o Reino de Deus? É como o fermento que uma mulher misturou com uma grande quantidade de farinha, e toda a massa ficou fermentada."[1]

Certa vez, falei sobre essa passagem em uma pequena conferência de pastores em um país europeu. Meu assunto era: "O poder de infiltração do Reino de Deus". De forma muito similar à luz que expõe ou ao sal que preserva, o fermento influencia os seus arredores de forma sutil, mas poderosa. O mesmo acontece com o Reino de Deus. Falei sobre algumas das estratégias práticas que implementamos em nossa igreja para nos infiltrar no sistema social da região onde estamos pela causa de Cristo.

Havia um jovem em nossa igreja que estava sendo julgado. Ele já passara algum tempo na prisão e, possivelmente, seria sentenciado a mais vinte anos. Cometera o crime pouco antes de sua conversão. Tanto o juiz quanto o promotor admitiram que a vida desse rapaz fora transformada por Deus. Todavia, queriam alguma medida de justiça para o crime. Portanto, sentenciaram-no a cumprir seis meses. No domingo antes de ir para a prisão,

---

[1] Lucas 13.20,21.

impusemos as mãos sobre ele e o enviamos como missionário a um campo em que nenhum de nós poderia alcançar. Em consequência dessa infiltração, em um ano, mais de 60 dos 110 prisioneiros confessaram a Cristo como Senhor e Salvador.

Depois da mensagem que ministrei naquela pequena conferência, vários líderes reuniram-se para discutir os conceitos que eu havia apresentado. Após a reunião, informaram-me que eu estava equivocado: "O fermento sempre se refere ao pecado, e essa parábola mostra como a Igreja fora tomada pelos pecados e pelas concessões nos últimos dias". Eles viam a referida parábola como um aviso e não como uma promessa.

Embora não desonre meus irmãos,[2] rejeito essa postura de sobrevivência — ela nos desarma e nos distrai do verdadeiro intento de Cristo: um grande triunfo. O erro que meus irmãos cometeram é duplo:

1. Eles confundiram Igreja com Reino; o que são coisas distintas. A Igreja existe para viver no Reino do *domínio do rei*, mas, em si mesma, não é o Reino. Enquanto o pecado contagia a Igreja, o Reino é o domínio do governo de Deus. O pecado não pode penetrar nesse Reino nem influenciá-lo.
2. A predisposição deles de ver uma Igreja fraca a enfrentar lutas nos últimos dias tornou difícil visualizar a promessa de Deus para o reavivamento. É impossível ter fé onde não há esperança. Abordagens como essa para entender as Escrituras debilitaram a Igreja.

---

[2] Por favor, entenda que existe grande diferença entre desprezar a doutrina e rejeitar um irmão ou uma irmã em Cristo. O farisaísmo nasce quando achamos que podemos rejeitar pessoas para proteger ideias.

É a nossa vez

Sem a revelação do que Deus tem a intenção de fazer em sua Igreja, não nos podemos mover para sobrepujar a fé. Quando o objetivo principal de nossa fé é nos proteger do demônio, ela se torna inferior ao que Deus espera. Jesus tinha em mente mais para nós que apenas a sobrevivência. O nosso destino é sobrepujar.

Toda conversão saqueia o inferno. Todo milagre destrói as obras do demônio. Todo encontro com Deus é uma *invasão do Altíssimo* em nossa condição de desespero. Essa é a nossa alegria!

A chama original de Pentecoste, o Espírito Santo, queima em minha alma. Tenho uma promessa de Deus. Faço parte de um grupo de pessoas destinado a fazer obras maiores que aquelas feitas por Jesus em seu ministério terreno. Por que é tão difícil ver a Igreja exercer influência relevante nestes dias? Foi Deus quem determinou que a noiva deveria ser sem mancha e sem ruga. Foi Deus quem declarou: "Olhe! A escuridão cobre a terra, densas trevas envolvem os povos, mas sobre você raia o Senhor, e sobre você se vê a sua glória".[3] Foi Deus quem nos chamou de vencedores — nós, que somos a sua Igreja.[4]

A parábola do fermento ilustra a influência sutil, mas avassaladora, do Reino no cenário em que é posto. Nos dias de hoje, Deus planejou pôr-nos nas situações mais tenebrosas a fim de demonstrar o seu domínio.

Joalherias geralmente põem diamantes em uma peça de veludo negro. O brilho da pedra fica ainda mais reluzente com tal pano de fundo. O mesmo acontece com a Igreja. A condição de trevas

---

[3] Isaías 60.2.
[4] Apocalipse 12.11.

do mundo serve de pano de fundo para a Igreja refletir a sua glória: "Mas onde aumentou o pecado, transbordou a graça".[5]

Para ilustrar esse princípio de infiltração no sistema do mundo imerso nas trevas, observaremos dois heróis do Antigo Testamento que fornecem percepções proféticas para a vitória da Igreja de hoje.

Daniel como fermento

Daniel provavelmente tinha cerca de 15 anos quando sua história inicia. Ele foi levado com sua família, feito eunuco e posto a serviço do rei. Daniel, Sadraque, Mesaque e Abede-Nego foram escolhidos porque tinham "boa aparência", eram "cultos, inteligentes" dominavam "os vários campos do conhecimento" e eram "capacitados para servir no palácio do rei".[6]

Daniel começou como estagiário na corte de Nabucodonosor, mas, depois, foi promovido a conselheiro dos reis estrangeiros. Muito mais sábio que todos, tornou-se conselheiro do rei. Por causa de sua excelência no serviço e de seu poder, o rei o considerava muito mais que todos os outros.[7]

Para entender de forma mais clara esse cenário, é preciso lembrar que Daniel agora faz parte de um dos reinos mais inspirados pelos demônios que já governou a terra. Ele estava totalmente inserido naquele sistema. É mencionado com os magos, encantadores, feiticeiros e astrólogos. Enquanto Deus o considerava um homem que trabalhava a favor de seu Reino, o rei da Babilônia o via apenas como mais um espiritualista, pelo menos por um período de tempo. Que grupo estranho de pessoas com o qual se

---

[5] Romanos 5.20.
[6] Daniel 1.4.
[7] Veja Daniel 1.20.

associar, sobretudo pelo fato de estarmos falando de Daniel, um profeta irrepreensível. Sua determinação em não se contaminar é memorável, aumentando a marca do nível de compromisso para as gerações de profetas que o sucederam.

A Babilônia era uma sociedade sofisticada, com muitas distrações para manter um hebreu em tensão constante entre a devoção a Deus e o amor não saudável pelo mundo. Somando a intensa idolatria e a presença demoníaca que a acompanha, surge uma combinação mortal que minaria a fé de qualquer cristão negligente. Daniel, no entanto, foi resoluto em sua devoção a Deus e não fez concessões em seu propósito. Ele, na condição de *fermento*, buscou excelência em sua posição. Se você quiser encontrar alguém com razões de sobra para ser amargo, já encontrou — Daniel foi tirado de sua família, feito eunuco e forçado a servir em meio aos ritualistas. A grandeza em Deus fica, com frequência, do outro lado da injustiça e da ofensa. Daniel transpôs esse obstáculo e não o fez porque era um grande homem. Ele foi vitorioso por causa de sua devoção àquele que é grande!

O poder da santidade

Daniel já havia descoberto o poder da santidade. Ele não estava disposto a comer as iguarias do rei. A separação para Deus é demonstrada no estilo de vida pessoal, não em associações. Ele não poderia controlar seus arredores. A Igreja com muita frequência compreende isso de forma totalmente equivocada. Na Igreja, muitos vivem da mesma forma que as pessoas do mundo, mas não se associam a descrentes com temor de serem contaminados por eles. Muitos cristãos preferem trabalhar em uma empresa cristã, frequentar reuniões cristãs e isolar-se exatamente das pessoas que precisam ser tocadas em nome de Jesus, e essa é a razão de estarmos neste mundo. Esse é o produto lógico da teologia de sobrevivência. O Reino é o domínio do Espírito de Deus que demonstra o senhorio de Jesus. E a vida fortalecida pelo poder do Espírito exerce o mesmo efeito do fermento neste mundo de trevas.

O desafio supremo

O desafio supremo veio para todos os sábios quando o rei pediu que não apenas interpretassem o sonho que ele tivera, mas também lhe dissessem qual era esse sonho! Por não conseguirem cumprir tais exigências, o rei ordenou que fossem mortos. Nesse processo, os sábios buscaram matar Daniel e os seus amigos. Daniel pediu uma audiência com o rei. Ele acreditava que Deus o capacitaria para trazer a Palavra de Deus. Antes de contar-lhe o sonho e sua interpretação, Daniel ensinou ao rei uma das virtudes do Reino de Deus, a humildade. Ele afirmou: "Quanto a mim, esse mistério não me foi revelado porque eu tenha mais sabedoria do que os outros homens, mas para que tu, ó rei, saibas a interpretação e entendas o que passou pela tua mente".[8] Em outras palavras: "Não é porque sou maior ou mais talentoso; é porque Deus quer que nós vivamos e que você receba essa mensagem". A seguir, ele interpreta o sonho como um servo.

Hoje em dia, boa parte da teologia do Reino está focada em nosso governo, ou seja, na possibilidade de cristãos se tornarem chefes de empresas e de governos. E, em certa medida, isso é bom. No entanto, o nosso ponto principal é, e sempre será, o serviço. Se ao servir formos promovidos para posições de comando, temos de nos lembrar de que *o objetivo que nos levou até ali nos manterá útil*. No Reino, o maior é o servo de todos. Devemos valer-nos de toda posição que venhamos a ocupar para servir com mais poder.

---

[8] Daniel 2.30.

Promoção provocada

Os quatro hebreus foram promovidos por causa do dom profético de Daniel. Observe que não há menção do uso desse dom por Daniel antes dessa crise. Algo similar aconteceu com um amigo evangelista quando ainda era jovem. Ele fora convidado a falar em uma igreja no Canadá. Quando saiu do avião, o pastor que o buscou no aeroporto, com ar de surpresa, disse-lhe: "Você não é Morris Cerullo!". O pastor tinha grande desejo de que sinais e maravilhas fossem restaurados em sua igreja e achou que tinha reservado uma semana de reuniões com Morris Cerullo. O pastor, chocado, perguntou ao rapaz se ele tinha um ministério de sinais e maravilhas, ao que este respondeu negativamente. O pastor, olhando para seu relógio, disse: "Você tem quatro horas para abraçar esse ministério", e, a seguir, levou-o para o hotel. Em desespero, o jovem evangelista clamou a Deus, e o Senhor honrou o seu clamor. Naquela noite, iniciou-se o ministério de sinais e maravilhas que tem marcado a vida desse rapaz até hoje. Deus orquestrou essas circunstâncias para que ambos, Daniel e o jovem evangelista, buscassem sinceramente os dons espirituais.

A *infiltração no sistema* envolve, com frequência, nossa disposição de trazer os dons espirituais para o nosso mundo. Esses dons, na verdade, funcionam melhor no mundo do que nos limites das reuniões da igreja. Quando praticamos os dons só na igreja, eles perdem o fio, o corte. Invadir o sistema do mundo com o domínio do Senhor nos mantém afiados e salva as pessoas.

Salvação por associação

Os demais sábios, grupo composto de magos, encantadores, feiticeiros e astrólogos, foram poupados por causa de Daniel. A presença do Reino salva a vida das pessoas que não alcançaram salvação por intermédio da obediência pessoal. Esse é o poder da retidão — proteger os que estão em torno dela.

A promoção nunca deixa de ser desafiada. Assim, quando você pensa que foi posto em uma posição de influência, algo acontece para balançar totalmente o seu barco. Nabucodonosor fez uma imagem de ouro de 27 metros de altura. Todos em seu reino deveriam adorar a imagem. Contudo, os jovens hebreus se negaram a fazê-lo. Há uma distinção entre submissão e obediência. Algumas vezes, temos de nos opor às ordens de nossos líderes — mas, mesmo nesse caso, com um coração submisso.

O sistema invadido

Uma lição adicional da vida de Daniel como fermento encontra-se no capítulo 4 de seu livro. Ele recebeu a interpretação de outro sonho. Era sobre o julgamento de Deus contra Nabucodonosor. Lembre-se de que este era o líder de um reino inspirado pelos demônios — um reino que exigia idolatria! Homens com menos caráter se teriam alegrado com o julgamento de Deus, mas não foi o que aconteceu com Daniel. Sua resposta ao rei foi: "Meu senhor, quem dera o sonho só se aplicasse aos teus inimigos e o seu significado somente aos teus adversários!".[9]

Quanta lealdade! A devoção de Daniel não se fundamentava no caráter de Nabucodonosor. Fundamentava-se no caráter daquele que o designara para aquela posição de serviço. Algumas pessoas teriam dado uma resposta como "Bem que eu avisei" a seu chefe se Deus o julgasse da mesma maneira. O mundo vê nossa atitude *mais santo que você*, e ninguém se impressiona com isso. É hora de verem uma lealdade que não se fundamenta na

---

[9] Daniel 4.19.

bondade genuína. Respostas como a de Daniel não passam despercebidas. Elas demonstram o Reino em sua pureza e poder. São revolucionárias.

Os versículos finais do capítulo 4 registram o que provavelmente podemos considerar a maior conversão de todos os tempos, a conversão de Nabucodonosor. Este foi um dos governantes mais tenebrosos que já existiu, mas suas palavras finais, de acordo com o registro do livro de Daniel, foram: "Agora eu, Nabucodonosor, louvo, exalto e glorifico o Rei dos céus, porque tudo o que ele faz é certo, e todos os seus caminhos são justos. E ele tem poder para humilhar aqueles que vivem com arrogância".[10] Ele foi salvo do inferno por causa do poder do fermento do Reino de Deus. O sistema foi invadido; a justiça, estabelecida; o poder, demonstrado; e as pessoas, salvas.

Para um reavivamento maciço alcançar o seu potencial de dominação, ele tem de sair dos muros da igreja local e ser lançado na *praça do mercado*.[11] Ele invade de forma calma, poderosa e decisiva por meio do serviço; e quando você se deparar com alguém carente da graça deixe-o saber que a realidade do céu está ao alcance da mão! "Ao entrarem na casa, saúdem-na [...] que a paz de vocês repouse sobre ela [...]".[12]

José como fermento

Deus, por intermédio de sonhos, falou a José acerca dos propósitos que ele tinha para sua vida. Entretanto, o fato de José querer dividir tais sonhos com sua família trouxe-lhe muitos problemas. Seus irmãos já tinham ciúmes por ele ser o filho favorito

---

[10] Daniel 4.37.
[11] Veja Marcos 6.56.
[12] Mateus 10.12,13.

de seu pai. Mais tarde, eles o raptaram, simularam sua morte e o venderam como escravo.

Deus fez José prosperar onde quer que ele estivesse, pois ele era um homem da promessa. Por ser um servo exemplar, obteve favor na casa de Potifar. Quando a esposa de Potifar tentou seduzir José, ele a repeliu. Em represália, ela mentiu para o marido e o fez colocar José na prisão, onde o jovem prosperou mais uma vez. Embora as circunstâncias de sua vida estivessem indo de mal a pior, Deus estabelecia as qualidades de fermento em seu escolhido.

Enquanto estava na prisão, José encontrou o copeiro e o padeiro que trabalhavam para o rei. Cada um deles teve um sonho, e os dois estavam tristes porque não conseguiam compreender seus significados. José respondeu: "Não são de Deus as interpretações? Contem-me os sonhos" (Gênesis 40.8). Obviamente, José não ficara amargo nem se rebelara contra Deus e usou seu dom para interpretar aqueles sonhos. Para o copeiro, as notícias eram boas, pois seria libertado; o padeiro, no entanto, seria executado.

Algum tempo depois, o faraó teve dois sonhos perturbadores. O copeiro lembrou-se dos dons de José e o levou ao rei. Quando lhe pediram que interpretasse o sonho do rei, José respondeu: "Isso não depende de mim" (Gênesis 41.16). Um coração humilde como esse nos mantém úteis para Deus.

José interpretou os sonhos do rei e, a seguir, usou o dom de sabedoria para aconselhá-lo quanto ao que fazer. O rei o honrou estabelecendo-o como segundo homem em comando em todo o Império Egípcio.

José nos fornece um bom exemplo de perdão. Seus irmãos o procuraram (sem o saber) por causa da fome que assolaram a terra onde viviam. Quando, por fim, ele revelou sua identidade — o cumprimento óbvio dos sonhos que tivera na adolescência — disse a seus irmãos: "Agora, não se aflijam nem se recriminem por terem me vendido para cá, pois foi para salvar vidas que Deus me enviou adiante de vocês".[13]

Observe que José não esqueceu o que acontecera com ele. A falsa ideia de que devemos esquecer o que alguém nos fez de ruim acaba por nos causar mais danos que benefícios. Desprezar a dor simplesmente esconde da vista uma ferida. Incubar a ferida apenas faz a infecção piorar.

Aprendendo com o exemplo dos heróis

Infiltrar-se no sistema envolve pureza e poder. A pureza é vista no caráter desses homens à medida que demonstram lealdade e perdão, além de raciocínio. O poder foi liberado por intermédio do uso dos dons.

Para sermos eficazes como fermento no *sistema babilônio*, temos de repensar nosso entendimento acerca desses assuntos. O povo de Deus precisa ter um coração que consiga ver os outros ser bem-sucedidos. Qualquer pessoa pode desejar o bem para alguém que se ajuste a suas crenças e disciplinas. Entretanto, a habilidade de expressar lealdade e perdão a alguém ainda não salvo pode ser a chave para tocar o coração dessa pessoa.

A integridade pessoal é a estrutura de toda nossa vida e ministério; e nossa credibilidade encontra-se nesse aspecto específico. Podemos ter muitos dons. No entanto, se não puder confiar em nós, o mundo não dará ouvidos a nossa mensagem. Integridade é santidade, e santidade é a natureza de Deus. Rendição ao Espírito Santo está no cerne da questão da integridade.

---

[13] Gênesis 45.5.

Levando a mensagem para a praça pública

> E aonde quer que ele fosse, povoados, cidades ou campos, levavam os doentes para as praças. Suplicavam-lhe que pudessem pelo menos tocar na borda do seu manto; e todos os que nele tocavam eram curados.[14]

Qualquer evangelho que não funcione em praça pública não serve. Jesus invadia todos os domínios da sociedade. Ele foi até onde as pessoas estavam; elas se tornaram o foco de Jesus, e ele se tornou o foco delas.

Homens de negócios usam os dons do Espírito Santo para identificar as necessidades de seus cooperadores e clientes. Um jogador impôs as mãos na estrela do seu time ao ser substituído no jogo por causa de uma lesão grave na perna. Depois de restabelecido, o jogador voltou reconhecendo que Deus o havia curado!

Uma garota diabética estava sofrendo um choque de insulina. A amiga cristã orou por ela a caminho da enfermaria. Quando a mãe levou a garota ao médico, descobriram que ela não sofria mais de diabetes.

Uma criança de 10 anos pediu à mãe que a levasse ao *shopping* a fim de que pudesse encontrar pessoas doentes e orar por elas. Alunos puseram um cartão na mesa do café do bairro com os dizeres: *Oração de graça*. As pessoas não apenas receberam uma oração como também uma palavra profética, o que as levou a maior consciência do amor de Deus.

Grupos de pessoas levaram refeições quentes para abrigos do bairro a fim de alcançar os necessitados. Um dono de hotel forneceu-nos um quarto só por um período de tempo para orarmos pelos muitos clientes doentes.

---

[14] Marcos 6.56.

Alguns invadem bares procurando pessoas a quem precisam ministrar. Os dons do Espírito fluem poderosamente nesses ambientes. No ministério do qual meu irmão faz parte, as avós entram nos bares de São Francisco. Enquanto meu irmão fica ao lado de pé, elas pedem um refrigerante e oram. As pessoas, uma a uma, chegam até a mesa delas e pedem oração. É comum observar pessoas se ajoelhando e chorando ao descobrir o amor de Deus.

Quintais nas comunidades mais pobres são limpos, e a grama é cortada, enquanto outro grupo cuida do interior das casas. Algumas pessoas vão de porta em porta orar pelos doentes. Os milagres são a norma.

Esqueitistas são tocados por outros esqueitistas que buscam levá-los a um encontro com o Deus todo-poderoso. Se as pessoas estiverem lá, também vamos para lá. Procuramos os moradores de rua debaixo das pontes e nos terrenos baldios.

Levamos os mais necessitados de ônibus para o acampamento de férias da igreja. Cada uma de nossas famílias adota uma mesa e a enfeita com os pratos e os talheres mais finos e os copos de cristal mais valiosos que elas possuem. Os mais sofridos de nossa comunidade são levados à igreja para ser tratados como tesouro dos céus. Eles são alimentados, vestidos e ministrados em relação às necessidades naturais e espirituais mais básicas.

Jesus não se preocupa apenas com os carentes; ele também ama as classes mais altas. Os ricos são as pessoas mais sofridas de nossa cidade. No entanto, não devemos servi-los por causa do dinheiro! Eles estão acostumados com pessoas que se aproximam para conseguir algo em troca.

Os pais passam a ser técnicos da liga infantil de futebol. Alguns fazem trabalhos voluntários em nossas escolas públicas. Outros são voluntários em hospitais ou treinados para a capelania no departamento de polícia ou nas escolas locais. As pessoas vão até os vizinhos doentes e presenciam Deus fazendo o impossível.

Para onde a vida o levar, vá com unção e veja o impossível curvar-se diante do nome de Jesus.

Responsabilidade de júri com o Espírito Santo

Buck abraçou totalmente a ideia de levar os dons para a praça pública. Ele foi selecionado para fazer parte de um júri. Assim que se sentou, o Senhor falou com ele: "A justiça deve prevalecer". Quando a fase de julgamento acabou, e o júri começou a deliberar, descobriram que estavam divididos quanto à interpretação da lei. Ele explicou as questões de forma tão notável que os outros acharam que ele tinha estudado direito. Buck usou a oportunidade para compartilhar seu testemunho. Ele já tinha sido um aluno brilhante de ciências, mas sua mente fora destruída por uma vida de dependência química. Jesus curou sua mente à medida que ele memorizava as Escrituras. Seu testemunho conquistou o coração de alguns dos jurados, mas afastou outros.

Quando chegou o momento do veredicto, as decisões se dividiam meio a meio. Portanto, as deliberações foram postergadas para o dia seguinte. O ponto em disputa era uma definição *criminal*. O réu em questão se ajustava a seis das sete qualificações necessárias para ser considerado culpado. A sétima era questionável. Portanto, Buck, no dia seguinte de deliberações, levou uma rosa em um vaso. Todos consideraram aquele gesto muito bonito. Ele deixou os demais membros do júri argumentar por um período de tempo e, a seguir, perguntou-lhes: "O que temos em cima desta mesa?". Olharam perplexos para ele, como se ele tivesse dito um absurdo, e responderam: "Uma rosa". Ele perguntou se tinham certeza do que estavam falando, e todos responderam afirmativamente.

Então continuou questionando-os: "Quais são as partes que formam uma rosa?". Eles enumeraram todas elas: pétalas, caule, folhas, espinhos etc. Então Buck perguntou-lhes: "Vocês veem todas essas partes desta rosa?". Eles responderam: "Vemos sim, exceto os espinhos". Ao que ele voltou a inquiri-los: "E ela continua sendo uma rosa sem esses espinhos?". E todos responderam: "É claro!". Então ele arrematou: "E esse homem continua sendo um criminoso!".

Eles compreenderam a mensagem. O dom da sabedoria estivera em operação sem que tomassem conhecimento disso. Depois, todos, exceto dois dos membros, concordaram que o acusado era culpado. O que significa que ainda não havia consenso. Quando o juiz perguntou a cada jurado se eles achavam possível chegar a um acordo, todos responderam negativamente, exceto Buck. Em seu coração estavam as palavras: "A justiça deve prevalecer". O juiz, a seguir, concedeu 30 minutos para resolverem aquele impasse. Assim que entraram na sala para deliberar, a palavra do Senhor veio a Buck. Ele apontou para um dos dois membros do júri que não considerava o acusado culpado e lhe disse: "Você diz que ele é inocente, porque...". E Buck prosseguiu expondo o pecado secreto daquele membro do júri. A seguir, ele se voltou para o outro membro e fez o mesmo. Os dois membros do júri se entreolharam e disseram um ao outro: "Mudarei meu voto se você mudar o seu!".

Buck primeiro trouxe o dom de sabedoria para as deliberações. Isso os ajudou a esclarecer a situação, beneficiando até mesmo os descrentes. Depois, ele trouxe uma palavra de conhecimento, algo que não poderia conhecer no mundo natural, para expor o pecado daqueles dois homens que haviam rejeitado um relacionamento com Deus. Por fim, a vontade do Senhor prevaleceu — *justiça!*

Envolver-se com o mundo natural por intermédio dos dons espirituais é o que torna a invasão efetiva. O Reino de Deus é o reino de poder! Temos de buscar uma demonstração mais plena do Espírito de Deus. Ore muito e assuma riscos.

O exemplo supremo dessa invasão é Jesus. Nele, o sobrenatural invadiu o natural.

A visão definida pelos sonhos de Deus capacita-nos com coragem eterna. Esse é o propósito do capítulo seguinte.

17
O reavivamento atual

O que Deus planejou para a Igreja nesta hora é maior que nossa capacidade de imaginar e orar. Precisamos da ajuda do Espírito Santo para aprender sobre esses mistérios da Igreja e do Reino de Deus. Sem o Senhor, não temos percepções suficientes para saber o que pedir em nossas orações.

Compreender o que está por vir é importante, porém não para planejarmos com mais eficácia e desenvolvermos estratégias mais eficientes. É importante para entendermos a promessa de Deus e seu propósito para a igreja; tudo isso para ficarmos insatisfeitos e apreensivos. A intercessão proveniente de uma fome insaciável move o coração de Deus como nada mais o pode mover.

O reavivamento não é para os que têm um coração indiferente. O reavivamento causa medo no complacente por causa dos riscos envolvidos. O medroso com frequência trabalha contra o movimento de Deus — algumas vezes dando a vida por isso — achando o tempo todo que está trabalhando em favor de Deus. A decepção diz que as mudanças ocasionadas pelo reavivamento contradizem a fé de seus pais. Em virtude disso, a habilidade concedida a nós por Deus para criar degenera-se e transforma-se na laboriosa tarefa de preservar. O medroso se transforma em curador de museu, em vez de construtor do Reino.

Outros estão dispostos a arriscar tudo. A fé de seus pais é considerada fundamento digno sobre o qual se pode construir. Eles captaram um vislumbre do que poderia acontecer e não se contentam com menos. A mudança não é uma ameaça, mas uma aventura. A revelação aumenta, as ideias se multiplicam e a expansão se inicia.

"Certamente o SENHOR, o Soberano, não faz coisa alguma sem revelar o seu plano aos seus servos, os profetas."[1] As atividades de Deus na terra se iniciam com a revelação da humanidade. O profeta ouve e declara. Aqueles que têm ouvidos para ouvir, esses respondem e são preparados para a mudança.

Para compreender quem somos e o que temos de ser, precisamos ver Jesus *como ele é*. Estamos prestes a ver a diferença entre o Jesus que caminhou nas ruas curando os doentes e ressuscitando os mortos e o Jesus que reina hoje sobre tudo. Por mais gloriosa que tenha sido sua vida na terra, ela diz respeito ao que aconteceu *antes* da cruz.

Essa mudança de foco virá nestes últimos dias. Ela tem de acontecer para fazer de nós aquilo que Deus nos preparou para sermos.

A *religião* ("a forma sem poder") será cada vez mais desprezada no coração daqueles que verdadeiramente pertencem a Deus. A revelação cria um apetite por ele. E o Senhor não vem em um modelo do tipo "sem acessórios". Não existe classe econômica para o Espírito Santo. Ele vem totalmente equipado, cheio de poder e de glória. E quer ser visto em nós como ele é.

Um conceito maior

O poder de uma única palavra do Senhor pode criar uma galáxia. As promessas dele para a Igreja estão muito além daquilo que podemos compreender. Muitos acreditam que a promessa de Deus diz respeito ao milênio ou ao céu, afirmando que enfatizar o plano

---
[1] Amós 3.7.

de Deus para o momento atual e não para a eternidade é desonrar o fato de Jesus ter ido preparar um lugar para nós. Nossa predisposição em relação a uma Igreja fraca cegou nossos olhos para as verdades sobre nós na Palavra de Deus. Esse problema está enraizado em nossa descrença, não em nossa fome pelo céu. Jesus ensinou-nos a viver com esta declaração: "O Reino dos céus está próximo" (Mateus 4.17). Essa é uma realidade presente que afeta o *agora*.

Não compreendemos quem somos porque temos pouca revelação de quem Jesus é. Sabemos muito sobre sua vida terrena. Os Evangelhos estão repletos de informações sobre como ele era, como viveu e o que fez. Todavia, esse não é o exemplo do que a Igreja tem de se tornar. O que Jesus é hoje — glorificado, sentado à direita do Pai — é o modelo para aquilo em que temos de nos tornar!

Considere a afirmação de abertura deste capítulo: *O que Deus planejou para a Igreja nesta hora é maior que nossa capacidade de imaginar e orar.* Afirmações como essa levam alguns a temer que a Igreja não seja equilibrada. Muitos destacam que devemos ser cuidadosos sobre quanta ênfase precisamos dar àquilo em que temos de nos tornar *no momento presente*. Por quê? Em grande parte pelo medo de desapontar-nos. O medo do desapontamento justifica nossa descrença. E se o pior que puder acontecer for buscar o que está reservado para a eternidade? Deus poderia dizer: "Não!". Cometemos o grande erro de pensar que do lado de cá do céu podemos imaginar o que está reservado para o lado de lá.

Temendo o excesso, abraçamos a mediocridade como sinônimo de equilíbrio. Tal medo transforma a complacência em virtude. É o medo do excesso que levou os resistentes às mudanças a parecer pessoas de intenções nobres. O excesso nunca fez o reavivamento cessar. William DeArtega afirma: "A Grande Comissão não foi sufocada por causa dos extremistas, mas em razão da condenação de seus opositores".[2] Ele também disse: "As divisões ocorrem sempre que o intelecto é entronado como medida da espiritualidade — não porque os dons são exercitados, como muitos acusam".[3] Não dou a mínima atenção para os avisos de possíveis excessos vindos daqueles que ficam satisfeitos com a falta de dons.

Esta geração é formada por pessoas que assumem riscos. E nem todos os riscos assumidos serão vistos como resultado de uma fé verdadeira. Alguns virão à luz com passos tolos e presunçosos. No entanto, esses riscos têm de ser assumidos assim mesmo. De que outra forma podemos aprender? Abra espaço para os que assumem riscos em sua vida, os que não são bem-sucedidos *em todas as tentativas*. Eles servirão de inspiração para a grandeza disponível no serviço do grande Deus.

O pescador de trutas diz: "Se o equipamento esbarrar no leito do rio de vez em quando, sei que não estou pescando em boa profundidade". Embora eu não queira honrar nem a presunção nem o erro, quero aplaudir o esforço e a paixão. Nossa obsessão com a perfeição deu lugar a algumas de nossas maiores falhas. Quando eu ensinava meus filhos a andar de bicicleta, levava-os a um parque com muita grama. Por quê? Porque não queria que se machucassem *quando* caíssem. Não era uma questão do tipo *se* caíssem. O vício da perfeição deu lugar ao espírito religioso. Os indivíduos que se recusam a sair e ser usados por Deus se transformam em críticos daqueles que fazem isso. Os que assumem riscos, aqueles que emocionam o coração de Deus, transformam-se em alvos daqueles que jamais falham porque raramente arriscam.

A vinda da Igreja gloriosa

A seguir apresento uma lista *parcial* de detalhes mencionados nas Escrituras sobre a Igreja que ainda precisam ser cumpridos.

---

[2] DeArteaga, William. **Quenching the Spirit.** Creation House. p. 55.
[3] DeArteaga, op. cit., p. 19.

Jesus quer que nos tornemos maduros antes de sua volta. Cada uma dessas passagens fornece um vislumbre profético do coração de Deus neste exato momento.

Sabedoria de Deus — *"A intenção dessa graça era que agora, mediante a igreja, a multiforme **sabedoria** de Deus se tornasse conhecida dos poderes e autoridades nas regiões celestiais, de acordo com seu eterno plano que ele realizou em Cristo Jesus, nosso Senhor."*[4]

A sabedoria deve ser demonstrada por nós agora! Fica claro que Deus tem a intenção de ensinar o domínio do espírito a respeito de sua divina sabedoria por intermédio daqueles feitos a sua imagem — nós.

Salomão foi o homem mais sábio que já existiu, à parte de Jesus, que é a personificação da sabedoria.[5] A rainha de Sabá quis conhecer de perto a sabedoria de Salomão. "Vendo a sabedoria de Salomão, bem como o palácio que ele havia construído, o que era servido em sua mesa, o lugar de seus oficiais, os criados e os copeiros, todos uniformizados, e os holocaustos que ele fazia no templo do Senhor, ela ficou impressionada."[6] Ela reconheceu que a sabedoria de Salomão era muito maior do que imaginara. A profundeza dessa sabedoria foi, na verdade, identificada com estes três atributos: *excelência, criatividade* e *integridade*. Quando ela viu isso em ação, ficou impressionadíssima!

A sabedoria de Deus será novamente vista em seu povo. A Igreja — atualmente desprezada ou, na melhor das hipóteses, ignorada — será novamente reverenciada e admirada. Ela será novamente um louvor na terra.[7]

---

[4] Efésios 3.10,11.
[5] Veja 1Coríntios 1.30.
[6] 2Crônicas 9.3,4.
[7] Veja Jeremias 33.9.

Excelência é o alto padrão para o que fazemos por causa de quem somos. Deus é extravagante, mas não perdulário ou esbanjador. Um excelente coração para Deus pode parecer perdulário para os de fora. Por exemplo, em Mateus 26.8 vemos Maria derramando sobre Jesus um perfume caríssimo, cujo valor equivalia a um ano de salário. Os discípulos acharam que aquele presente seria mais bem aproveitado se fosse vendido e o dinheiro, distribuído entre os pobres. Em 2Samuel 6.14-16,23, o rei Davi humilhou-se diante do povo ao tirar suas vestes reais e dançar desmedidamente diante de Deus. Mical, sua esposa, o desprezou por causa daquela atitude. Em consequência disso, ela não teve filhos até o dia de sua morte — ou por ser estéril ou por falta de intimidade com seu marido. Essa foi uma perda trágica causada pelo orgulho. Nessas duas situações, os de fora consideraram as ações extravagantes desses adoradores como ações perdulárias. Deus é bom. A excelência vem quando vemos as coisas de sua perspectiva.

Ao buscar essa virtude, fazemos tudo para a glória de Deus, com todas as nossas forças. Um coração de excelência não abre espaço para a pobreza de espírito que afeta muito do que fazemos.

Criatividade não só é vista na restauração plena das artes, mas também na natureza do povo do Senhor, que sempre busca formas novas e melhores de fazer as coisas. É uma vergonha para a Igreja abraçar o padrão de comportamento da previsibilidade, chamando a isso de tradição. Temos de rever quem nosso Pai é por intermédio da expressão criativa.

A Igreja, com frequência, é culpada de evitar a criatividade porque ela exige mudança. Resistência à mudança é resistência à natureza de Deus. Em razão de os ventos da mudança estarem soprando, será fácil distinguir entre aqueles que estão satisfeitos e os que têm fome. A mudança traz à luz os segredos do coração.

Essa unção também trará novas invenções, avanços na medicina e nas ciências e novas ideias para os negócios e a educação. Novos sons de música nascerão na Igreja, assim como outras formas de arte. A lista é interminável. O céu é o limite. Acorde e crie!

Integridade é a expressão do caráter de Deus visto em nós. E esse caráter é a santidade do Senhor. Santidade é a essência da natureza de Deus. Não é algo que ele faça ou deixe de fazer. É quem ele é. E o mesmo é verdade em relação a nós. Somos santos porque a natureza de Deus está em nós. A santidade começa com um coração separado para Deus e torna-se evidente na natureza de Cristo vista por nosso intermédio.

Se conseguirmos manter a bela expressão da santidade de Deus longe das mãos sujas da religião, as pessoas serão atraídas para a Igreja assim como são atraídas para Jesus. A religião é entediante, mas não só isso, ela também é cruel. Tira a vida de tudo o que é bom. A verdadeira santidade é animadoramente boa.

A rainha de Sabá ficou sem fala diante da sabedoria de Salomão. É tempo de a sabedoria da Igreja fazer o mundo ficar novamente sem fala.

A igreja gloriosa — "[...] *para apresentá-la a si mesmo como igreja gloriosa.*"[8]

A intenção original de Deus para a humanidade é vista nesta passagem: "[...] pois todos pecaram e estão destituídos da glória de Deus".[9] Temos de viver na glória de Deus. Esse era seu objetivo ao criar a humanidade. Nosso pecado fez a flecha de seu propósito ficar aquém de suas expectativas.

A glória de Deus é manifestada na presença de Jesus. Imagine isto: um povo que esteja continuamente consciente da presença

---

[8] Efésios 5.27.
[9] Romanos 3.23.

de Deus, não na teoria, mas na prática, por meio da presença real de Deus sobre ele!

Seremos uma Igreja em que Jesus é visto em sua glória! É a presença e a unção do Espírito Santo que dominarão a vida cristã. A Igreja será radiante: "A glória deste novo templo será maior do que a do antigo".[10]

A noiva sem mancha nem ruga — *"[...] e para apresentá-la a si mesmo como igreja gloriosa, sem mancha nem ruga ou coisa semelhante, mas santa e inculpável."*[11]

Imagine uma bela e jovem mulher preparada para o casamento. Ela cuida de si mesma ao se alimentar corretamente e fazer os exercícios de que necessita. A mente dessa moça é arguta, e ela é emocionalmente segura e livre. Ao olhar para ela, você jamais saberia que ela fez algo errado. A culpa e a vergonha não obscurecem seu semblante. Ela compreende a graça e a exala. De acordo com Apocalipse 19.7, ela preparou-se. O romance faz isso com você. Conforme Larry Randolph expõe: "É uma perversão esperar que o noivo vista a noiva para o casamento". A Igreja tem de se preparar. As ferramentas estão disponíveis para esse evento, e a Igreja, agora, só tem de usá-las.

Essa noiva é a descrição bíblica da Noiva de Cristo. Quando vemos como Deus é grande, não questionamos sua habilidade de fazer tal casamento acontecer. Paulo diz aos coríntios que não queria retornar àquela igreja até que a obediência deles fosse completa. Esse é o coração de Deus para a Igreja. E, portanto, Jesus, *o perfeito*, retornará àquela que é *sem manchas* quando considerar nossa obediência completa.

---

[10] Ageu 2.9.
[11] Efésios 5.27.

Unidade da fé — "[...] *até que todos alcancemos a **unidade da fé** [...].*"[12]

O que aqui é denominado *unidade da fé* é a *fé que trabalha por intermédio do amor* mencionada em Gálatas 5.6. Amor e fé são dois aspectos essenciais da vida cristã.

A fé vem da Palavra de Deus, em especial a *palavra falada vigorosamente*. Fé é o que agrada a Deus. É a confiança ativa nele como o nosso Pai Aba. Só ele é a fonte dessa fé. Quando o Senhor fala com seu povo, o resultado é a fé. A unidade da fé quer dizer que ouviremos sua voz juntos e realizaremos grandes façanhas. É um estilo de vida, não apenas um conceito — como quando temos *unidade em nossas ideias sobre a fé*. As façanhas do reavivamento presente e vindouro suplantarão todas as realizações da Igreja juntas em toda a sua história. Mais de um bilhão de almas serão salvas. Estádios ficarão lotados 24 horas por vários dias seguidos em que incontáveis milagres serão realizados: curas, conversões, ressurreições e libertações, tantos milagres que não poderemos contr. Não haverá nenhum palestrante especial, nenhuma pessoa conhecida por fazer milagres; apenas a Igreja sendo o que Deus a chamou para ser. E tudo isso representará o florescimento da *unidade da fé*.

Revelação é o conhecimento do Filho — "[...] *até que todos alcancemos a unidade da fé e **do conhecimento do Filho de Deus** [...].*"[13]

O apóstolo João certa fez reclinou sua cabeça no seio de Jesus. Esse apóstolo era chamado de aquele a quem Jesus amava. Perto do fim de sua vida, na ilha de Patmos, ele viu Jesus de novo. Dessa vez, Jesus não se parecia em nada com aquele da última ceia. Seus cabelos

---

[12] Efésios 4.13.
[13] Efésios 4.13.

eram brancos como a neve; os olhos, uma chama de fogo; os pés, como o bronze em uma fornalha. Deus sentiu que essa revelação era digna de um livro, o livro de Apocalipse, também conhecido como a "revelação de Jesus Cristo" (Apocalipse 1.1). Toda a Igreja receberá uma revelação revigorante de Jesus Cristo, especialmente por intermédio desse livro da Bíblia. O que hoje representa um mistério será compreendido. E a revelação lançará a Igreja em uma transformação distinta de todas vivenciadas em épocas anteriores. Por quê? *Porque, à medida que o vemos, nós nos tornamos como ele*!

Se a revelação de Jesus é o foco primário do livro de Apocalipse, também temos de admitir que a adoração é a resposta essencial. A crescente revelação de Jesus será medida por novas dimensões da adoração — as experiências coletivas na sala do trono.

Um homem maduro — *"[...] até que todos alcancemos a unidade da fé e do conhecimento do Filho de Deus, e cheguemos à maturidade, atingindo **a medida da plenitude** de Cristo."*[14]

Um atleta olímpico jamais chegará a competir nas Olimpíadas só por causa de seus dons. Essa conquista representa a poderosa combinação de um dom que chega a seu pleno potencial por intermédio da disciplina. Essa é a imagem da Igreja chegando à maturidade. Uma ação singular em que todos nós funcionamos juntos como se fôssemos apenas um. Todos os membros da Igreja trabalhando em perfeita coordenação e harmonia, complementando a função e o dom uns dos outros, conforme direcionados pelo cabeça. Essa não é uma promessa para ser preenchida na eternidade. Não acredito que o versículo esteja falando da perfeição humana, mas, ao mesmo tempo, penso haver uma maturidade de função, sem ciúmes, que se desenvolve à medida que a presença se torna mais manifesta. Precisamos abraçar isso como algo possível só porque o Senhor disse que é.

---

[14] Efésios 4.13.

Cheios de toda a plenitude de Deus — *"[...] e conhecer o amor de Cristo que excede todo conhecimento, para que vocês sejam cheios de toda a plenitude de Deus."*[15]

Imagine uma casa com muitos cômodos. Essa casa representa nossa vida. Todo cômodo que permitimos que o Senhor toque com seu amor fica cheio de sua plenitude. Essa é a imagem desse versículo. A Igreja conhecerá o amor de Deus por experiência. Isso vai além de nossa habilidade para compreender. Esse relacionamento de amor íntimo com Deus ajuda-nos a receber tudo o que ele desejou liberar para nós desde o início dos tempos.

"[...] até que todos alcancemos a unidade da fé e do conhecimento do Filho de Deus, e cheguemos à maturidade, atingindo a medida da plenitude de Cristo."[16]

A experiência do amor de Deus e a correspondente plenitude do Espírito são as realidades necessárias para nos levar à *medida da plenitude de Cristo — Jesus será visto fielmente na Igreja, assim com o Pai era visto fielmente em Jesus.*

Os dons do Espírito plenamente expressos —

> Nos últimos dias, diz Deus,
>   derramarei do meu Espírito
> sobre **todos os povos**.
> Os seus **filhos** e as suas **filhas** profetizarão,
>   os **jovens** terão visões,
> os **velhos** terão sonhos.
> Sobre os meus **servos**
>   e as minhas **servas**
> derramarei do meu Espírito naqueles dias,
>   e **eles** profetizarão.[17]

---

[15] Efésios 3.19.
[16] Efésios 4.13.
[17] Atos dos Apóstolos 2.17,18, grifos nossos.

Essa passagem, que é uma citação de Joel 2, ainda não foi cumprida totalmente. Seu cumprimento inicial está registrado em Atos dos Apóstolos, capítulo 2, mas seu alcance é muito maior que aquela geração poderia cumprir. Primeiro, *todos os povos* nunca foram tocados por esse reavivamento. Contudo, isso acontecerá. No movimento vindouro de Deus, as barreiras raciais serão quebradas, como também as barreiras econômicas, sexuais e etárias. O derramamento do Espírito na última geração tocará todas as nações da terra, liberando os dons do Espírito na medida da plenitude sobre seu povo e por intermédio dele.

Em 1Coríntios 12 a 14, encontramos um maravilhoso ensino sobre a operação dos dons do Espírito. No entanto, ela é muito mais que isso. É a revelação de um corpo de cristãos que vive no domínio do Espírito, algo essencial para o ministério dos últimos dias. Essas manifestações do Espírito Santo serão levadas para as ruas onde devem estar. É ali que elas atingem seu pleno potencial.

Essa geração cumprirá o clamor de Moisés para que todos do povo de Deus sejam profetas. Carregaremos a unção de Elias na preparação para o retorno do Senhor, exatamente da mesma forma pela qual João Batista carregou a unção de Elias e preparou o povo para a vinda do Senhor.

Obras maiores — *"Aquele que crê em mim fará também as obras que tenho realizado. Fará **coisas ainda maiores** do que estas, porque eu estou indo para o Pai."*[18]

A profecia de Jesus de que faremos coisas ainda maiores que as feitas por ele estimulou a Igreja a procurar um sentido abstrato para essa declaração tão simples. Muitos teólogos buscam honrar as obras de Jesus como inatingíveis — a religião adotada pela descrença. Quando ignoramos o que Deus mesmo prometeu

---

[18] João 14.12.

com a desculpa de que o fazemos para honrar a obra de Jesus na terra, nós o desagradamos com a nossa atitude. A afirmação de Jesus não é tão difícil de compreender. *Maiores* quer dizer maiores. E as *obras* às quais ele se refere são sinais e maravilhas. Não seria incongruente para ele ter uma geração que lhe obedecesse e, por isso, fosse incapaz de ir além da *marca mais alta de água*. Ele nos mostrou o que uma pessoa plena do Espírito pode fazer. E o que milhões poderiam fazer? É isso o que ele quer nos ensinar, e é disso que trata essa profecia.

Explica-se, com frequência, que esse versículo diz respeito à *quantidade* das obras, não à *qualidade*. Como você pode ver, milhões de pessoas deveriam ser capazes de ultrapassar os números de obras que Jesus fez só porque somos muitos. No entanto, isso reduz a intenção da afirmação. Em grego, a palavra *maiores* é *mizon*. Há 45 ocorrências desse termo no Novo Testamento, sempre usado para descrever *qualidade*, e não quantidade.

Venha o teu reino — *"Venha o teu Reino; seja feita a tua vontade, assim na terra como no céu."*[19]

Ele não é o tipo de Pai que nos dá uma ordem para fazer algo sem ter a intenção de responder totalmente a nosso pedido. Deus nos orienta a fazer essa oração porque, em seu coração, quer cumpri-la. As orações mais seguras são aquelas que ele mesmo nos disse para fazer. A resposta do Senhor é "infinitamente mais do que tudo o que pedimos ou pensamos" e "de acordo com o seu poder que atua em nós".[20]

Jesus disse que retornaria depois que o evangelho do Reino fosse pregado em todo o mundo — e, depois, viria o fim.[21] A compreensão atual que se tem dessa ordem de *pregar o evangelho*

---

[19] Mateus 6.10.
[20] Efésios 3.20.
[21] Veja Mateus 24.14.

do Reino é que devemos anunciar uma mensagem que leve o maior número de pessoas possível à conversão. No entanto, o que pregar o evangelho do Reino significa para Jesus? Todas as ocasiões em que ele fez isso ou ordenou que fizéssemos foram acompanhadas de milagres. A mensagem deveria ser a declaração do senhorio do Senhor e do seu domínio sobre todas as coisas, seguida pelas demonstrações de poder para ilustrar que o Reino de Deus está invadindo o mundo por intermédio de sinais e maravilhas. Considere, em outras palavras, o que diz essa promessa: haverá uma geração de *cristãos* que pregará como Jesus pregou, fazendo o que ele fez em todas as nações do mundo antes do fim! Essa é uma promessa e tanto.

A realidade presente do Reino será manifestada e realizada na vida diária do cristão. O Reino irromperá neste mundo em todos os pontos em que o cristão orar com fé. O senhorio de Jesus será visto, e a dádiva de seu governo será experimentada. Enquanto a expressão plena dessa passagem estiver reservada apenas para a eternidade, jamais compreenderemos o que Deus quer fazer ainda neste tempo. É hora de explorarmos tal possibilidade.

A igreja explosiva

Não seria maravilhoso ter igrejas tão explosivas no campo sobrenatural a ponto de termos de encontrar meios para acalmá-las? Foi isso o que Paulo teve de fazer com a igreja de Corinto. As instruções a respeito dos dons do Espírito foram dadas a um povo que tinha tanto a ponto de necessitar organizar seu potencial. "Mas tudo deve ser feito com decência e ordem."[22] Você não pode organizar o que não tem. *Tudo* deve ser feito antes que se possa acrescentar uma estrutura para torná-lo mais eficiente. A ordem é

---

[22] 1Coríntios 14.40.

um substituto fraco para o poder. No entanto, se você tem muito poder, precisará de boa ordem. *Só nesse caso* a ordem acrescentará uma nova dimensão para o papel de poder da Igreja.

Povo amoroso, não ideias amorosas

Quando eu discutia o movimento atual de Deus com um cessacionista,[23] ele me disse que eu estava enganado quanto a minha busca por um evangelho de poder. Informou-me que os milagres haviam cessado com a morte dos 12 apóstolos. Afirmou ainda que os milagres de cura, os testemunhos de famílias restauradas, o novo zelo pelas Escrituras e a paixão para dar testemunho do amor de Deus eram, provavelmente, obras do demônio. Então, eu lhe disse que seu demônio era muito grande, e seu Deus, muito pequeno. Para ficarmos confortáveis em relação a nossa condição atual, a Igreja criou doutrinas que justificam suas fraquezas. Alguns fizeram tais fraquezas parecer força. Essas são doutrinas do demônio! Embora eu honre as pessoas que acreditam nisso e goste delas, não sinto necessidade de honrar tais despautérios.

Se acreditamos que já chegamos à plenitude do que Deus tem em mente para sua Igreja, somos os seres que mais inspiram compaixão. Toda a história da Igreja estruturou-se na revelação parcial. Tudo o que aconteceu na Igreja nos últimos mil e novecentos anos ficou aquém do que a igreja primitiva tinha e perdeu. Cada movimento de Deus foi seguido por outro, só para restaurar o que foi perdido e esquecido. E ainda não chegamos ao padrão que eles alcançaram, para não mencionar a necessidade de ultrapassar a marca. Todavia, nem a igreja primitiva cumpriu

---

[23] Indivíduo que acredita que os milagres cessaram depois do primeiro século após o surgimento da Igreja.

a intenção plena de Deus para seu povo. Esse privilégio foi reservado àqueles que têm de correr o último trecho dessa corrida. Esse é nosso destino!

Por mais maravilhosas que sejam nossas raízes espirituais, elas são insuficientes. O que foi bom *ontem* é deficiente *hoje*. Insistir que fiquemos com aquilo pelo qual nossos pais lutaram é insultá-los. Eles arriscaram tudo para buscar algo revigorante e novo em Deus. Isso não quer dizer que *tudo* tem de mudar para deixar fluir o que o Senhor está dizendo e fazendo — apenas que fazemos muitas suposições sobre a *correção* do que existe atualmente. Esses pressupostos cegam-nos para as revelações que ainda existem nas Escrituras. Na realidade, o que consideramos a *vida cristã normal* não pode aguentar o peso do que Deus está prestes a fazer. Nosso odre de vinho tem de mudar. Muito pouco do que hoje conhecemos como vida da Igreja permanecerá intocado nos próximos dez anos.

Alcançando o máximo

Jamais entrou na mente humana o que Deus preparou para nós enquanto estamos nesta terra. A intenção dele é enorme. Em vez de nos limitar por nossa imaginação e experiência, devemos seguir em frente para uma fome renovada das coisas a ser vistas. À medida que, com abandono arrojado, buscamos aquele que é extravagante, descobrimos que nossa maior resistência brota entre nossas duas orelhas. Contudo, a fé é superior. É hora de deixarmos o Senhor despreocupado quanto a achar ou não fé na terra.

O Reino está presente agora! Ore por ele, busque-o primeiro e receba-o como uma criança. Ele está ao alcance das mãos.

A última lição de uma criança

Em uma reunião recente na costa norte da Califórnia, tivemos um notável avanço nos milagres, especialmente para a América do Norte. Surdez, cegueira, artrite e muitas outras aflições foram curadas por intermédio da graça salvadora de Deus. Quando Jesus demonstrou mais uma vez seu domínio sobre todas as coisas, houve entre 40 e 50 curas nessa reunião com cerca de 200 pessoas.

Um milagre notável aconteceu na vida de um menino de 3 anos, Chris, que tinha os pés tortos. Havia feridas no dorso de seus pés porque, em seu esforço para andar, ele os raspava no carpete. Quando aqueles que auxiliavam na reunião foram liberados para orar pelos doentes,[24] várias pessoas de nossa equipe se reuniram em volta desse menino. Deus, de imediato, começou a tocá--lo. Quando eles acabaram de orar, puseram o garoto no chão. E, pela primeira vez em sua vida, os pés se apoiaram totalmente no chão! Ele olhou surpreso para os pés e, abaixando-se, tocou em suas feridas. Um de seus amiguinhos cochichou: "Corra!".

De repente, ele começou a correr, exclamando: "Consigo correr!". Não é preciso dizer que aquela noite foi de grande regozijo.

Voltamos para casa e assistimos muitas vezes ao vídeo daquela reunião. Ficamos tão entusiasmados com o milagre que demorou um tempo para notarmos que Chris, o menino, estava tentando dizer algo. Minha esposa que estava segurando a filmadora lhe havia perguntado: "O que aconteceu com você?".

Olhando para a câmara, ele respondeu: "Jesus grande! Jesus grande!".

Em nossa empolgação, sem perceber, mudamos de assunto e perguntamos sobre os seus pés.[25] Aqueles que viram o milagre nos forneceram os detalhes. No entanto, à medida que assistíamos ao vídeo, ouvimos o testemunho do garotinho: "Jesus grande! Jesus

---

[24] Treinamos todos os cristãos a orar pelos doentes. Não é saudável para a igreja que apenas o pastor ore.
[25] Que profundo — uma criança querendo falar de Jesus, aquele para quem o sinal apontava, e nós tão fascinados com o milagre que não notamos o que ele tentava dizer.

grande!". A única coisa que podemos imaginar é que ele teve um encontro com Jesus, que veio até o menino e o curou.

Conclusão

Essa história, como todas as outras contidas neste livro, é sobre a bondade de Deus. É o *testemunho de Jesus.* O livro de Apocalipse revela esse princípio: "O testemunho de Jesus é o espírito de profecia".[26] Um testemunho profetiza novamente o que é possível. Declara que outro milagre está agora disponível. Ilustra, para todos os que ouvirão, a natureza de Deus e de sua aliança com a humanidade. Tudo o que o Senhor busca é alguém que acrescente fé ao testemunho dado. Por não ser alguém que age firmado em favoritismo, ele fará por você o que fez por outra pessoa. Por ser hoje o mesmo que foi ontem, ele está disposto a fazer novamente o que fez muito tempo atrás.

Duas semanas depois desse milagre de Jesus, mostrei o vídeo em nossa igreja. Nosso povo ficou muito encorajado. Nos dois dias seguintes, os rapazes foram ao *shopping* e viram uma mulher andando com uma bengala. Quando pediram para orar por ela, a mulher não aceitou até escutar a história de Chris, o menino que fora curado. O testemunho desse garoto profetizou sobre a bondade de Deus para ela, e, assim, a senhora ficou com fome de oração. Os rapazes impuseram-lhe as mãos e o tumor no joelho desapareceu. Eles, por meio da palavra de conhecimento, contaram a ela que Deus também estava curando suas costas. Ao se tocar nas costas, ela descobriu que o tumor não mencionado aos rapazes também havia desaparecido!

Outro domingo, ensinei sobre o poder do testemunho e usei a história de Chris como ilustração. Havia uma família de Mon-

---

[26] Apocalipse 19.10.

tana que nos visitava, enfrentando um problema similar. O pezinho da filha, torto, estava virado cerca de 45 graus, fazendo-a tropeçar no próprio pé quando corria. Quando a mãe ouviu o testemunho de que Jesus curara um menino que tinha o pé torto, disse em seu coração: *Recebo essa cura para minha filha*![27] Depois do culto, ela pegou a criança na creche e descobriu que o pé da menina estava retinho! O testemunho *profetizou*, a mãe *creu* e a filha foi *curada*.

A invasão do Senhor continua e continuará interminavelmente!

> Ele estenderá o seu domínio, e
>   haverá paz sem fim [...].[28]
> O reino do mundo
>   se tornou de nosso Senhor
> e do seu Cristo, e ele reinará
>   para todo o sempre.[29]

---

[27] Ela compreendera que o poder do testemunho é o espírito de profecia. A profecia tem a habilidade de fazer acontecer!
[28] Isaías 9.7.
[29] Apocalipse 11.15.